Korean Listening Skills
Practical Tasks for Intermediate Learners

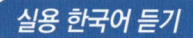

Korean Listening Skills
Practical Tasks for Intermediate Learners

Author	Cho Jaehee, Oh Minam
Translator	Helen Edwards
First Published	July, 2008
Publisher	Chung Hyo-sup
Editor	Lee Suk-hee, Oh Ju-young, Chae Jung-won
Design	Cho Hwa-youn, Choi Young-ran
Cover design	Cho Hwa-youn
Illustrator	Jung Kyoungho
Photographer	Song Joon-kyu
Voice Actor	Shin So-yun, Kim Rae-whan

DARAKWON Published by Darakwon Inc.
509-1 Munbal-ri, Gyoha-eup, Paju-si
Gyeonggi-do, Korea 413-756
Tel : 02-736-2031 Fax : 02-732-2037
(Marketing Dept. ext.: 113,114 Editorial Dept. ext.: 410~412)
Copyright©2008, Cho Jaehee, Oh Minam

This book is published and distributed by Darakwon Inc. All right reserved.
Reproduction in whole or on part without written permission is prohibited.

Price : 15,000 won (with Audio CD)

ISBN : 978-89-5995-792 7 18710
       978-89-5995-791 0 (set)

http://www.darakwon.co.kr
Visit the Darakwon homepage to learn about our other publications and promotions and to download the contents of the CD in MP3 format.

Practical Tasks for Intermediate Learners

실용 한국어 듣기

Korean Listening Skills

조재희 | 오미남

다락원

서문

모국어가 아닌 외국어를 효과적으로 학습하는 방법에는 여러 가지가 있다. 그 중 글자와 소리를 배우고 글의 규칙(문법)과 단어를 익혀 그것들을 기본 뼈대로 해서 네 가지 영역, 즉 듣기, 말하기, 읽기, 쓰기 등을 통해 종합적인 의사소통을 할 수 있도록 하는 것이 보편적인 방법이다.

외국어로서의 한국어가 활성화되면서 그간 국내외에서 많은 교재가 출판되었다. 그럼에도 불구하고 좀 더 실생활에 유용한 듣기 교재에 대한 목마름을 느껴 왔다. 한국어를 들을 수 없는 영국이라는 환경에서 실제로 쓰이는 상황을 들려 줄 수 있는 듣기 교재가 무엇보다 필요했다. 영국에서 한국어를 가르치고 외국어를 배운 경험에 비추어 볼 때 듣기 학습은 무엇보다 기본적이고 효율적인 방법이기 때문이다.

이 책은 한국 실생활에서 자주 접하게 되는 20개의 상황별 주제를 골라 학습자가 실생활 자료를 보면서 듣고 풀어볼 수 있도록 과제(Task)를 중심으로 엮었다. 실제 자료를 싣고 활용하려는 취지에서 책의 수준은 중급에 맞추었다. 또한 이 책은 '준비'와 '활동'을 통해 듣기뿐 아니라 말하기, 읽기까지 확장하여 연습할 수 있게 했다.

한국어 학습자가 한국에 있건 외국에 있건, 전공하는 학생이건 취미로 배우는 일반인이건 실생활에 유용한 자료를 통한 과제학습을 함으로써 한국어를 좀 더 효율적이고 재미있게 익힐 수 있기를 바란다. 또한 한국어 능력 시험(TOPIK)을 준비하는 학생들에게도, 듣기나 읽기 부교재 (실제 자료)가 필요한 교사에게도 유용하게 쓰일 수 있을 것이다.

끝으로 이 책을 위해 도움을 주신 여러분께 감사의 말씀을 드린다. 먼저 이 프로젝트가 진행될 수 있도록 지원을 해 준 한국학중앙연구원과 처음부터 끝까지 격려를 아끼지 않으신 런던대학교 SOAS (School of Oriental and African Studies) 한국학과의 연재훈 교수님을 비롯해서 이 책의 시범 수업 시에 조언을 아끼지 않은 SOAS Language Centre 학생들에게 감사 드린다. 또한 사진 작업을 맡아 주신 송준규 씨와 자료들을 이용할 수 있게 허락해 준 모든 분들과 오랜 한국어 학습 경험을 바탕으로 기꺼이 번역을 맡아주신 Helen Edwards에게도 감사 드린다. 그리고 한국어 교육 책 출판에 지원을 아끼지 않으신 다락원의 정효섭 사장님과 이 책이 출간되기까지 세심하게 애써 주신 한국어 출판부 편집진들께도 감사의 말씀을 드린다.

2008년 7월
조재희, 오미남

Preface

There are various ways to study non-native languages effectively. In essence, students learn the writing, pronunciation and grammar rules of the language and memorise vocabulary. Based on this framework, students achieve integrated communication by mastering the four skills of listening, speaking, reading and writing.

Many teaching materials for Korean as a foreign language have been published in Korea and elsewhere. Despite this we came to feel that there was a need for listening materials with a more practical orientation. In Britain where students are not immersed in the Korean language what we needed above all was listening material for our students to listen to language used in real-life situations. From our experience of teaching Korean in Britain and of learning foreign languages we found listening practice to be the most effective and key method of language learning.

This book comprises 20 topics chosen for their relevance to practical situations often encountered in life in Korea, combined with tasks that enable students to use authentic materials for listening and comprehension. The level of this book is Intermediate in order to make use of authentic material possible. This book will improve and provide practice for not only listening skills, but also speaking and reading skills through the <Preparation> and <Activity>.

Whether students of the Korean language are in Korea or not, whether they are specialising in studying Korean or are members of the public learning out of interest, we hope that this book will make their learning a little more interesting, a little more effective, by providing tasks for study through materials useful in real life. This book also will be useful both for students preparing for the TOPIK (Test of Proficiency in Korean) examination and teachers requiring authentic materials for listening and reading practice.

Finally we express our thanks to all those who have helped with this book. First we thank AKS (Academy of Korean Studies) for its support that enabled us to carry out this project; Dr Jaehoon Yeon at the Department of Japan and Korea, SOAS (School of Oriental and African Studies), University of London, who encouraged us from start to finish; and SOAS Language Centre students who unstintingly gave advice when we tried out this book during classes. We also thank photographer Song Joonkyu and all those who gave permission for us to use their materials, and Helen Edwards, experienced student of the Korean language, who willingly undertook the translation. We express our gratitude to Jeong Hyoseop, the head of Darakwon who untiringly supports the publication of books for Korean language education and to the editors in the Korean language section at Darakwon for their scrupulous efforts in bringing out this book.

July 2008
Cho Jaehee, Oh Minam

이 책의 구성 및 활용

이 책은 실생활에서 자주 접하는 상황별 주제를 골라 20과로 구성하고 실제 자료들을 이용해 듣기 과제 학습을 하도록 하였다. 주요 과제인 듣기 이외에도 〈준비〉과제의 말하기와 〈활동〉과제의 읽기, 쓰기 등을 통해 주제별 강화 학습을 할 수 있다. 기본적인 한국어 실력을 가진 학생들이 이 과제 학습을 통해 실제 생활에서 응용해 볼 수 있다.

각 과별로 소요되는 수업 시간은 학습자의 수준과 요구, 주어진 수업 시간에 따라 20분에서 1시간까지 탄력적으로 운영될 수 있다. 전체적인 난이도는 뒷과로 갈수록 높아지도록 구성했으나 필요에 따라 주제별로 선택하여 공부할 수 있다.

각 과는 〈준비〉, 〈듣기〉, 〈활동〉, 〈단어와 표현〉으로 나누어 다음과 같이 구성하였다.

준비

사진 등의 자료를 보면서 주제에 대한 배경 지식 및 관심을 환기시키고 듣기 활동에 필요한 어휘와 표현을 교사나 학습자 간의 말하기를 통해 확인해 보도록 하였다.

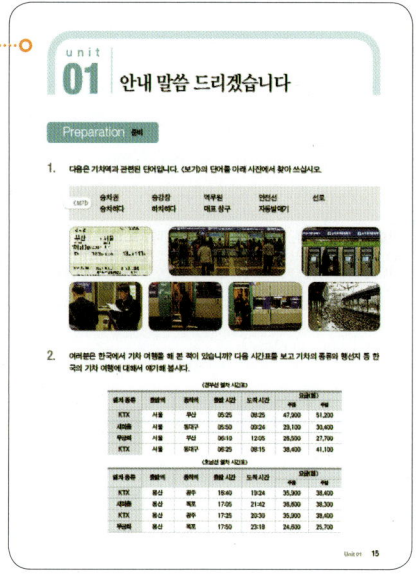

듣기

주제와 관련된 내용을 듣고 필요한 정보를 찾아내어 제시된 과제를 풀도록 하였다. 듣기 내용 (대화나 지문)도 실생활에 필요한 상황을 연출하였고 주어진 과제도 실제 자료들을 이용해 구성하였다. 듣기 연습은 대화나 지문을 중간에 끊지 말고 한 번에 끝까지 듣고 이해될 때까지 반복해서 듣는 것이 효과적이다.

활동

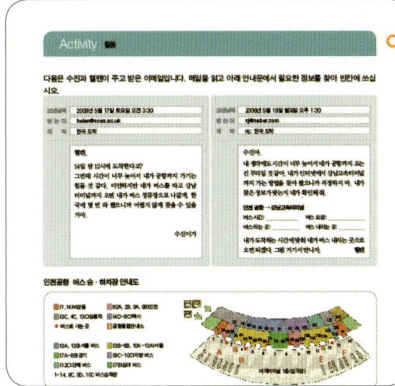

현재 한국 사회에서 많이 볼 수 있고 학습자들이 실생활에서 필요로 하는 자료들로 구성하였다. 글로 쓰여진 자료를 읽고 이해하며 간단한 쓰기 연습을 통해 배운 것을 활용해 보도록 했다.

단어와 표현

듣기와 활동에 나오는 단어나 표현을 쉽게 찾아 볼 수 있도록 각 과마다 끝부분에 제시하였다. 쉬운 단어를 포함한 모든 단어는 책 뒤 색인에서 다시 찾아 볼 수 있다. 단어 설명에 필요한 용어는 다음과 같이 약자를 썼다.

(예) 예문 example   (유) 유사어 synonym   (반) 반대말 opposite
(피) 피동사 passive   (cf) 비교 comparison

부록

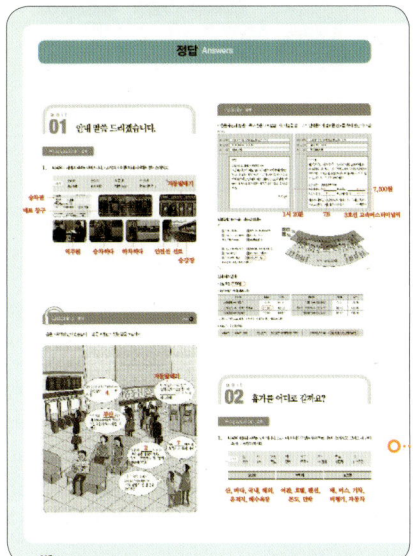

부록에는 듣기 지문과 영문 번역, 정답, 색인을 실었다. 정답은 예를 들어 답을 제시한 경우 〈예시〉라고 표시했다. 자유롭게 얘기하는 과제의 경우 답을 따로 제시하지 않았다.

How to Use This Book

This book comprises 20 chapters with situations often encountered in real life chosen as topics. It makes use of practical materials to provide task-based listening practice. Students can consolidate their study of each theme through the speaking tasks in the Preparation section and the reading and writing tasks in the Activity section, in addition to the main listening task. Students with a basic knowledge of Korean can develop their skills further and make practical use of these skills in real life by learning these tasks.

Depending on the level and requirements of each student and the length of the lesson, the time necessary for each chapter will vary from 20 minutes to 1 hour. We arranged the chapters as far as possible so that the level gets progressively higher from front to back, but if necessary the chapters can be selected and studied by topic.

Each chapter is divided into <Preparation>, <Listening>, <Activity> and <Vocabulary and Expressions> sections, and is structured as follows:

Preparation
Refer to the photographs or other visual materials to stimulate interest and background knowledge. Use these to learn the vocabulary and expressions necessary for the Listening task through dialogue among students and teachers.

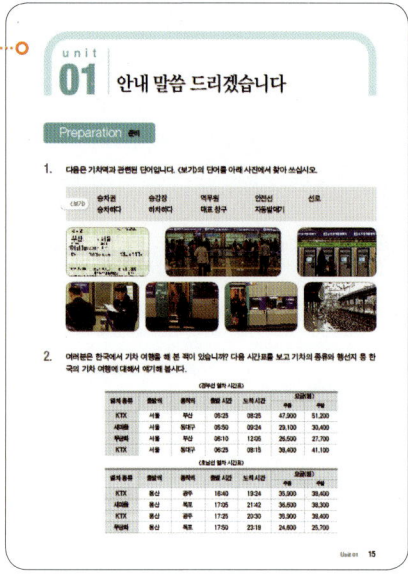

Listening
Listen to the passage about the topic, find the necessary information, and complete the task set. The listening passages represent practical topics and the tasks use authentic materials. It is more effective in the Listening exercises to listen to the whole passage through from beginning to end, without stopping it partway through, repeating until it is understood.

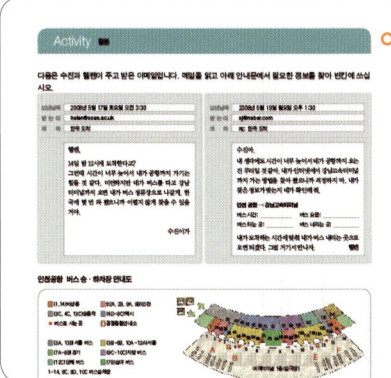

Activity

This section also contains materials often seen in present day Korean society and which students may need in real life. Students should apply what they have learnt by reading and understanding the written materials and then doing the short writing exercises.

Vocabulary and Expressions

Vocabulary and expressions that arise in the Listening and Activity sections are provided at the end of each chapter for ease of reference. A comprehensive vocabulary list can be found at the back of the book in the index. We have used the following abbreviations where explanations of vocabulary are necessary:

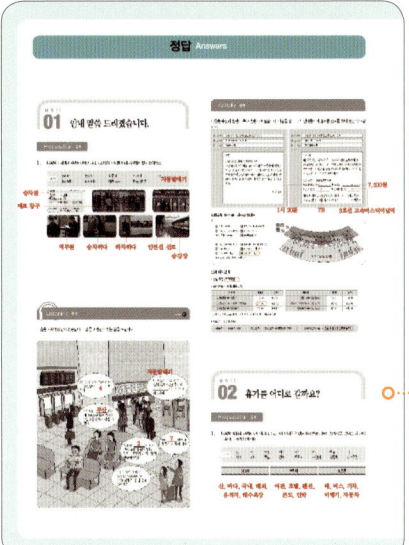

Appendix

In the appendix you will find the Listening texts and translations of these into English, the answers to the questions and the index. Where a model answer is given it is marked 'model answer'. Where the answer is to be expressed in the student's own words we have given no suggested answer.

차례 Contents

서문 Preface　　04

이 책의 구성 및 활용 How to Use This Book　　06

내용 구성표 Table of Contents　　12

Unit 01. 안내 말씀 드리겠습니다.　　15
This is an announcement.

Unit 02. 휴가를 어디로 갈까요?　　19
Where shall we go on holiday?

Unit 03. 운동을 시작할까 해서요.　　23
I decided to start exercising.

Unit 04. 공연 보러 갈래요?　　27
Shall we go and see a performance?

Unit 05. 시내 관광을 해 볼까요?　　31
Shall we do some city sightseeing?

Unit 06. 차 좀 빌리려고 하는데요.　　35
I'd like to hire a car.

Unit 07. 직원만 들어갈 수 있다고 써 있잖아요.　　39
It says that only staff may enter here.

Unit 08. 지하철에 카메라를 두고 내렸어요.　　43
I left my camera on the Underground.

Unit 09. 집에 손볼 곳이 많아요.　　47
There are many places to repair in the house.

Unit 10. 소파는 어디에 놓을까요?　　51
Where shall I put the sofa?

Unit 11. 통장을 만들고 싶은데요. 55
I'd like to open an account.

Unit 12. 아파트에 살아요. 59
I live in an apartment.

Unit 13. 친절하고 유머 감각이 있어. 63
He is kind and also has a sense of humour.

Unit 14. 면접 보러 왔는데요. 67
I have come for an interview.

Unit 15. 쌈밥을 만들어 보겠습니다. 71
I'm going to try making ssambap (leaves stuffed with rice).

Unit 16. 목과 어깨를 풀어 볼까요? 75
Shall we loosen our neck and shoulders?

Unit 17. 소화가 안 돼서 왔어요. 79
I have come because I suffer from indigestion.

Unit 18. 문상 가 본 적이 있어요? 83
Have you ever paid a visit of condolence?

Unit 19. 음주 문화에 대해서 토론해 보겠습니다. 87
We shall discuss the drinking culture.

Unit 20. 뉴스를 들어 봅시다. 91
Let's listen to the news.

Appendix 듣기 대본 Listening Scripts 96

정답 Answers 112

색인 Index 124

내용 구성표

	제목	주제	듣기	활동
01	안내 말씀 드리겠습니다.	교통	기차역 안내 방송 듣기	교통 정보 이용하여 목적지 찾아가기
02	휴가를 어디로 갈까요?	휴가	휴가 계획하기	상황에 맞게 숙박지 정하기
03	운동을 시작할까 해서요.	취미	스포츠 센터 등록하기	인터넷에서 동호회 검색하기
04	공연 보러 갈래요?	공연	공연 정보 알아내기	인터넷으로 공연표 예약하기
05	시내 관광을 해 볼까요?	관광	관광 안내 듣기	관광 일정 짜기
06	차 좀 빌리려고 하는데요.	차 대여	차 빌리기	교통 사고 시 보고서 쓰기
07	직원만 들어갈 수 있다고 써 있잖아요.	표지 이해	안내 표지 알기	화재 발생 시 대피 요령 읽고 이해하기
08	지하철에 카메라를 두고 내렸어요.	분실	분실 물건 신고하고 찾는 방법 알아보기	분실 광고 읽고 광고 써 보기
09	집에 손볼 곳이 많아요.	집 구하기	집 문제에 대해 얘기하기	광고 읽고 마음에 드는 집 고르기
10	소파는 어디에 놓을까요?	이사	이삿짐 옮기기	이사에 대한 정보 알아보기
11	통장을 만들고 싶은데요.	은행	통장 만들기 (계좌 열기)	ATM 이용하기
12	아파트에 살아요.	아파트 생활	관리비 고지서 보고 이야기하기	쓰레기 배출 요령에 대한 아파트 안내문 이해하기
13	친절하고 유머 감각도 있어.	사람 묘사	사람의 인상, 외모, 성격 등에 대해 묘사하기	크리스마스 때 받고 싶은 선물로 성격 파악하기
14	면접 보러 왔는데요.	면접	면접 듣고 이력서 완성하기	자기소개서 읽고 맞는 직업 찾기
15	쌈밥을 만들어 보겠습니다.	요리	요리법 듣고 이해하기	궁합이 맞는 음식 찾기
16	목과 어깨를 풀어 볼까요?	건강	스트레칭에 대한 설명 듣고 동작 이해하기	건강 생활 수칙 읽기
17	소화가 안 돼서 왔어요.	병원	한의원에서 증상과 처방 듣고 이해하기	약봉지 지시문 읽기
18	문상 가 본 적이 있어요?	문상	문상에 대한 설명 듣고 이해하기	상황에 맞는 인사글 알기
19	음주 문화에 대해서 토론해 보겠습니다.	음주 문화	토론 듣고 내용 파악하기	만화 읽고 내용 이해하기
20	뉴스를 들어 봅시다.	사건 사고	뉴스 듣고 정보 찾아내기	신문 기사 제목 찾기

Table of Contents

	TITLE	TOPIC	LISTENING	ACTIVITY
01	This is an announcement.	Transport	Listening to an announcement at a railway station	Using transport information to find your destination
02	Where shall we go on holiday?	Holidays	Planning a holiday	Arranging accommodation to suit your circumstances
03	I decided to start exercising.	Hobbies	Enrolling at a sports centre	Searching on the Internet for a club
04	Shall we go and see a performance?	Performances	Finding out information about performances	Booking tickets for a performance on the Internet
05	Shall we do some city sightseeing?	Sightseeing	Listening to a sightseeing guide	Making a sightseeing schedule
06	I'd like to hire a car.	Car hire	Car hire (renting a car)	Writing a report of a car accident
07	It says that only staff may enter here.	Understanding signs	Understanding notices and signs	Reading and understanding fire evacuation instructions
08	I left my camera on the Underground.	Losing things	Finding out how to report and find lost property	Reading and writing lost property notices
09	There are many places to repair in the house.	House-hunting	Talking about defects in a house	Reading advertisements and choosing a house you like
10	Where shall I put the sofa?	Moving	Moving household items	Finding out information about moving
11	I'd like to open an account.	Banking	Opening an account	Using an ATM
12	I live in an apartment.	Life in an apartment	Looking at and talking about a service charge bill	Understanding instructions about rubbish disposal in an apartment
13	He is kind and also has a sense of humour.	Describing people	Describing people's face, appearance, character, etc.	Understanding people's personalities by their choice of Christmas presents
14	I have come for an interview.	Interviews	Listening to an interview and completing a resumé	Reading written personal introductions and matching them to jobs
15	I'm going to try making ssambap (leaves stuffed with rice).	Cooking	Listening to and understanding recipes	Finding ingredients that go well together
16	Shall we loosen our neck and shoulders?	Health	Listening to an explanation about stretching exercises and understanding the movements	Reading about a healthy lifestyle
17	I have come because I suffer from indigestion.	Clinic	Listening to and understanding symptoms and prescriptions	Reading directions on the medicine packet
18	Have you ever paid a visit of condolence?	Condolence visit	Listening to and understanding an explanation about a visit of condolence	Knowing the right greeting for the occasion
19	We shall discuss the drinking culture.	Drinking culture	Listening to a discussion and understanding the content	Reading a cartoon and understanding the content
20	Let's listen to the news.	Events and accidents	Listening to the news and finding out information	Looking for the title of a newspaper article

unit 01 안내 말씀 드리겠습니다.

Preparation 준비

1. 다음은 기차역과 관련된 단어입니다. 〈보기〉의 단어를 아래 사진에서 찾아 쓰십시오.

〈보기〉	승차권	승강장	역무원	안전선	선로
	승차하다	하차하다	매표 창구	자동발매기	

2. 여러분은 한국에서 기차 여행을 해 본 적이 있습니까? 다음 시간표를 보고 기차의 종류와 행선지 등 한국의 기차 여행에 대해서 얘기해 봅시다.

〈경부선 열차 시간표〉

열차 종류	출발역	종착역	출발 시간	도착 시간	요금(원)	
					주중	주말
KTX	서울	부산	05:25	08:25	47,900	51,200
새마을	서울	동대구	05:50	09:24	29,100	30,400
무궁화	서울	부산	06:10	12:05	26,500	27,700
KTX	서울	동대구	06:25	08:15	38,400	41,100

〈호남선 열차 시간표〉

열차 종류	출발역	종착역	출발 시간	도착 시간	요금(원)	
					주중	주말
KTX	용산	광주	16:40	19:24	35,900	38,400
새마을	용산	목포	17:05	21:42	36,600	38,300
KTX	용산	광주	17:25	20:30	35,900	38,400
무궁화	용산	목포	17:50	23:18	24,600	25,700

Vocabulary & Expressions 어휘와 표현

Listening Part

구입(-하다)	purchasing, buying (to purchase, to buy)	안전선	safety line (e.g. to keep passengers away from the platform edge)
대단히	very	양해(-하다)	understanding (to be understanding)
도착(-하다)	arrival (to arrive)	열차	train
매표소	ticket office	유익하다	to be useful
무궁화호	Mugunghwa-ho (name of a train type)	이용(-하다)	use (to use)
물러나다	to step back, to step behind	자동발매기	ticket vending machine
불편을 드리다	to cause inconvenience	지연되다	to delay, to be delayed
새마을호	Saemaul-ho (name of a train type)	창구	ticket window
선로	track, railway track	출발(-하다)	departure (to depart)
승강장	platform	한걸음	one step
승객	passenger	혼잡(-하다)	congestion (to be congested)
승차권	boarding pass, ticket	확인(-하다)	checking, inspection (to check, to inspect)
승차(-하다)	boarding (to board) a vehicle	KTX	KTX (a Korean express train)
신속하다	to be speedy		
안내 말씀	an announcement		

Activity Part

강남고속터미널	Gangnam Express Bus Terminal	시간 변동이 생기다	Timetable changes occur
광장	a square, a plaza	심야 버스	night bus
도로 사정	road conditions	정보	information
무리이다	to be unreasonable	행선지	destination
배차 시각	operating times		
버스 운행 노선	bus route		
승·하차장	(car) stop, (train) platform		

unit 02 휴가를 어디로 갈까요?

Preparation 준비

1. 다음은 여행과 관련된 단어입니다. <보기>의 단어들을 맞는 주제별로 나누어 쓰십시오. 그리고 각 단어들의 뜻을 얘기해 봅시다.

| <보기> | 산 | 배 | 여관 | 버스 | 바다 | 기차 | 호텔 | 국내 |
| | 펜션 | 해외 | 콘도 | 민박 | 유적지 | 비행기 | 자동차 | 해수욕장 |

여행지	숙박지	교통편

2. 여러분은 휴가를 어디로 가고 싶습니까? 왜 거기에 가고 싶습니까? 얘기해 봅시다.

친구 두 명이 휴가 계획을 짜고 있습니다. 대화를 잘 듣고 다음 물음에 답하십시오.

1. 여행 계획을 수첩에 정리해 봅시다. 빈칸에 맞는 답을 쓰거나 맞는 답에 ✓하십시오. 그리고 달력에 여행 기간을 표시하십시오.

여름휴가 계획

(1) 여행 기간 : ____박 ____일

(2) 여행지 : 국내 ☐ 해외 ☐
            산 ☐   바다 ☐
            남해 ☐ 통영 ☐

(3) 교통편 : _____

(4) 숙박 형태 : _____

일	월	화	수	목	금	토
					1	2	3
4	5	6	7	8	9	10
11	12	13	14	15	16	17
18	19	20	21	22	23	24
25	26	27	28	29	30	31

7 July

2. 두 사람이 여행을 갈 곳을 다음 지도에 순서대로 화살표(→)로 연결하십시오.

Activity 활동

세 사람이 각각 여행 계획을 짜고 있습니다. 각 목적에 맞는 숙박 형태를 찾아 빈칸에 써 보고 숙박 비용은 얼마나 들지 찾아 표시해 봅시다.

1 크리스

아내, 아이 둘, 그리고 부모님과 같이 아름다운 경치를 즐길 수 있는 곳에서 시간을 보내고 싶다. 저녁에는 부모님 결혼 기념일을 축하하기 위해 바비큐 파티도 계획하고 있다.

2 인수

친구와 같이 여행 중이다. 아직 학생이라서 될 수 있으면 저렴한 곳에서 묵고 싶다.

3 안나

혼자서 한국으로 여행 간다. 한국 사람들과 같이 생활해 보면서 한국 사람들이 일상적으로 먹는 한국 음식을 먹어 보고 싶다.

펜션 하늘 호수

호수와 산이 한 눈에 보이는
사계절 아름다움을 느끼실 수 있는 곳

방 형태	인원	주중 가격	주말 가격
방 2개, 화장실	6명	14만 원	20만 원
방 1개, 화장실	2명	6만 원	10만 원

예약 안내
- 전화(02-577-5000)나 인터넷(www.hosu.net)으로 예약 가능합니다.
- 예약하신 후 선금 50%를 입금하셔야 예약이 완료됩니다.
- 바비큐 시설을 이용하실 손님은 예약 시 미리 신청하시기 바랍니다.

한성 콘도

회원 가격

인원	비수기	성수기
4명까지	4만 원	5만 원
6명까지	6만 원	7만 원

예약 안내
- 콘도 회원에 한해 우선 예약합니다.
- 회원 예약 후 잔여 객실에 한해 비회원이 이용할 수 있습니다. 비회원 가격은 문의 바랍니다.
- 예약 취소 시 24시간 전까지 연락 주시면 50% 환불해 드립니다.

홈스테이 코리아

1인실	5만 원 (에어컨 있음)
2인실	8만 원 (에어컨 있음)
특별실	10만 원 (에어컨, 냉장고, 화장실 방 안에 있음)

예약 안내
- 가족처럼 편안하게 모십니다.
- 아침과 저녁은 한식으로 제공합니다.
- 1인실과 2인실은 공동 화장실을 사용합니다.
- 공항 픽업 가능합니다. (픽업비 7만 원)

여관 그랜드 모텔

2인실 3만 원부터

입실 시간	오후 3시 이후
퇴실 시간	오후 12시 이전

Vocabulary & Expressions 어휘와 표현

Listening Part

3박 4일	3 nights 4 days	이순신 장군	General Yi Sun Sin
계획(-을) 짜다	to make plans	장소	place
교통편	means of transportation	정신없이	mindlessly, madly 예 정신없이 바빠요. madly busy
국내	domestic, within the country		
남해	Namhae (place name)	정하다	to decide on, to arrange 피 정해지다 to be decided
들르다	to call in/at		
등산	hiking	콘도	condominium
묵다	to stay at, to lodge	통영	Tongyeong (place name)
민박	private guest house	포함하다	to include
수첩	diary, notebook	해수욕장	beach
숙박	accommodation	해외	overseas, abroad
예약(-하다)	reservation (to make a reservation)	휴가철	the holiday season 예 휴가철이 됐어요. It is the holiday season.
유적지	site of historic remains		

Activity Part

객실	guest room	일상적으로	daily, everyday
결혼기념일	wedding anniversary	입금(-하다)	a deposit (to deposit)
공동	joint	입실(-하다)	checking in (to check in)
미리	in advance	잔여	remainder 예 잔여 객실 vacancies
비수기	off-peak period	저렴하다	to be cheap
비회원	non-member	제공(-하다)	offer (to make an offer, to provide)
생활(-하다)	life, lifestyle, living (to live)	축하(-하다)	congratulation (to congratulate)
선금	prepayment, payment in advance	퇴실	checking out
성수기	peak season, high season	형태	form, type 예 방 형태 type of room, 숙박 형태 type of accommodation
신청(-하다)	application (to apply)		
완료(-되다)	completion (to be finalised)	호수	lake
인원	the number of persons	회원	member

unit 03 운동을 시작할까 해서요.

Preparation 준비

1. 다음은 여러 취미 활동입니다. 각각 어떤 취미 활동인지 얘기해 봅시다.

2. 여러분은 어떤 취미가 있습니까? 어떤 방법으로 취미를 즐깁니까? 또한 그 취미의 좋은 점은 무엇인지 얘기해 봅시다.

▶ 내 취미는 _____.

▶ 나는 취미를 _____.

〈보기〉	혼자 즐긴다	가족이나 친구와 함께 즐긴다
	학원에 등록해서 한다	동호회에 회원으로 가입해서 한다

▶ 취미 생활을 하면 좋은 점은? _____.

〈보기〉	재미있다	건강에 좋다	그냥 좋아한다
	스트레스 해소에 좋다	사람들과의 친목을 도와준다	

Unit 03　23

Listening 듣기

다음은 스포츠 센터 안내문입니다. 잘 듣고 대화 내용과 다른 것을 찾아 표시하고 맞게 고치십시오.

헬스

최신식 운동 기구
쾌적한 실내
회원 여러분의 목적에 맞게 전문 강사가 기구 사용법, 운동 방법 등을 지도해 드립니다.

수영

깨끗한 수영장
넓고 밝은 공간
다양한 강습 프로그램을 별도의 요금 없이 이용하실 수 있습니다.

에어로빅

에어로빅 전용 스튜디오
비만 방지와 몸매 관리에 좋아 인기 있는 운동입니다. 여성회원만 이용 가능합니다.

스쿼시

신세대 인기 스포츠 스쿼시
라켓과 공이 가벼워 어깨나 손목이 약한 사람도 할 수 있고 짧은 시간에 배울 수 있습니다.

센터 이용 안내

- **이용시간** : 평일 오전 6시~오후 11시 / 주말 오전 6시~오후 9시
- **회비** : 한 달에 10만원 (입회비 없음)
- **셔틀 버스** : 매시간 운행

회원 가입 절차

 1. 가입 상담 (고객상담실)
 2. 회원 가입신청서 작성/등록 (안내데스크)
 3. 회원 카드 발급 (안내데스크)
 4. 시설이용

Activity 활동

취미 생활을 위해 인터넷에서 '동호회'를 검색했습니다. 다음 중에서 '운동을 좋아하는 사람 1', '여행을 좋아하는 사람 2', '음악을 좋아하는 사람 3'을 위한 동호회를 찾아 빈칸에 번호를 써 보십시오. 또 여러분이 가입하고 싶은 동호회는 무엇인지 얘기해 보십시오.

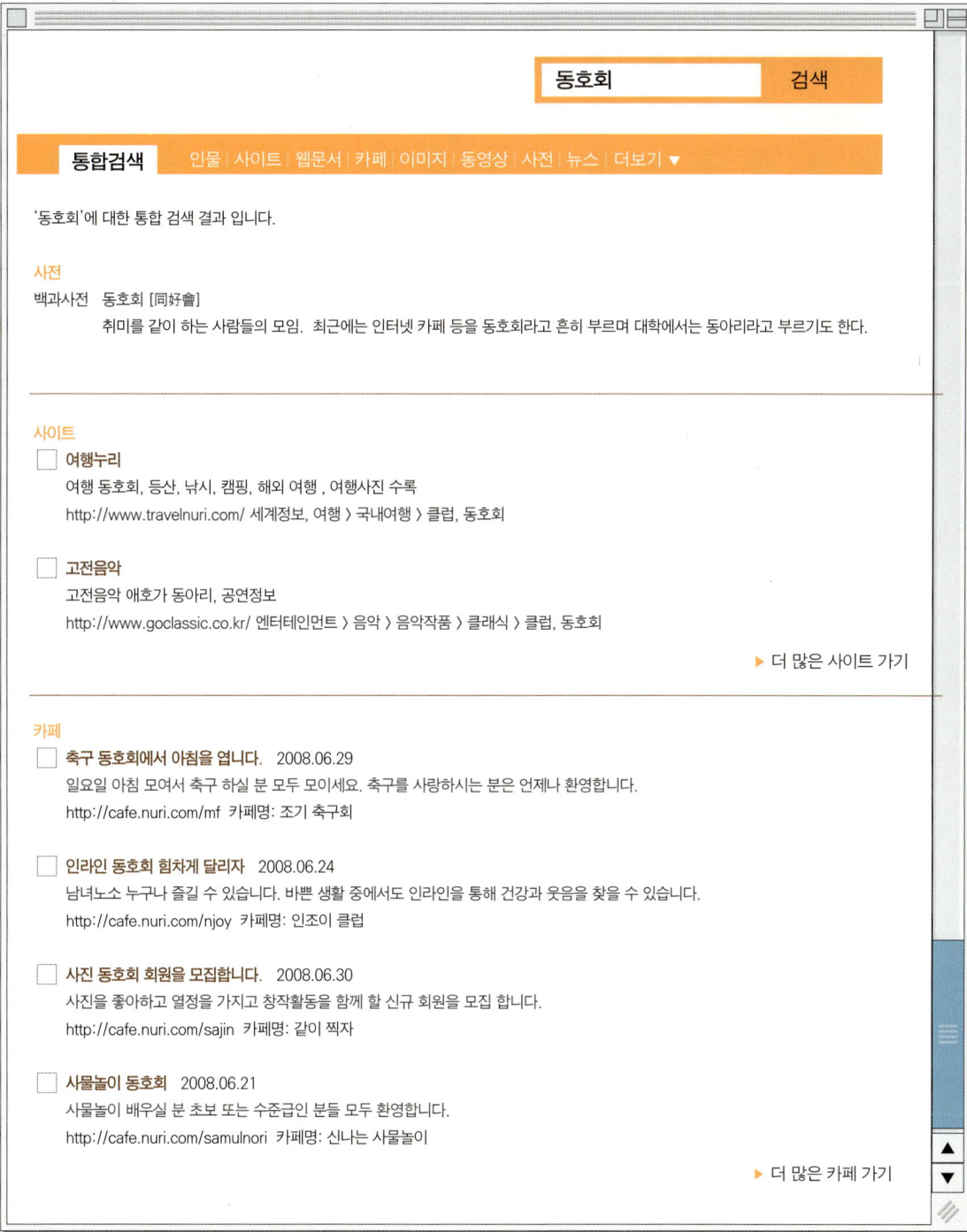

Vocabulary & Expressions 어휘와 표현

Listening Part

가입(-하다)	joining (to join)	수령(-하다)	receipt (to receive)
강사	instructor	시설	equipment, facilities
강습	lessons, training course 예 강습(-을) 받다, to take a training course, to attend a class	신세대	new generation
		신청서	application form
기구	equipment 예 운동 기구 exercise equipment	실내	indoor
		요금	fee
대신(-에)	instead (of)	운행(-하다)	running, operating (to run, to operate)
등록(-하다)	enrollment, registration (to enroll, to register)		
		입회비	joining fee
목적	goal, aim	작성(-하다)	preparation, drawing up (to prepare, to draw up)
몸매 관리	looking after one's figure		
발급(-하다)	issuing (to issue)	전문 강사	specialist trainer
방지(-하다)	prevention (to prevent)	전용	exclusive use
별도로	separately	절차	procedure
비만	obesity	최신식	the newest style
사용법	the way to use (something), method of use	쾌적하다	to be comfortable, to be pleasant
		회비	membership fee
상담	consultation	회원	member
손목	wrist		

Activity Part

검색	a search, a reference	수록(-하다)	inclusion (to include)
고전 음악	classical music	수준급	good level, good standard
동아리	a club	신규 회원	new member
동창회	a class reunion, alumni meeting, classmates association	애호가	a devotee, a lover of 예 와인 애호가 wine lover
동호회	a club	열정	enthusiasm, passion
모임	a gathering	조기	early, early stage
모집하다	recruitment (to recruit, to gather)	창작 활동	creative activities e.g. writing, painting
사물놀이	Samulnori (a traditional Korean percussion quartet)	초보	elementary, preliminary, novice

unit 04 공연 보러 갈래요?

Preparation 준비

1. 다음 포스터는 무슨 공연입니까? <보기>에서 찾아 쓰십시오.

   <보기> 연극   영화   발레   한국 전통 공연   뮤지컬   오페라   음악회

2. 여러분은 공연을 보러 간 적이 있습니까? 어떤 공연이 기억에 남습니까? 얘기해 봅시다.

Listening 듣기   TRACK 04

두 사람이 '이 달의 공연표'를 보면서 무엇을 볼지 의논하고 있습니다. 잘 듣고 빈칸에 맞는 답을 쓰고 두 사람이 볼 공연에 표시하십시오.

〈이 달의 공연〉

공연	장소	날짜/시간	입장료	내용
라이온 킹	샤롯데 극장	평일 (1회 공연 19:30) 주말 (2회 공연 15:00, 19:30) 단, _____ 공연 없음	대인 9만 원 소인 5만 원	만화영화를 바탕으로 한 뮤지컬
뮤지컬 춘향전	예술의 전당 자유소극장	6월 1일 (금) ~ 6월 ____ 일 (일) 평일 19:30 주말 · 공휴일 15:00 & 19:30	R석 9만 원 S석 6만 원	조선 시대를 배경으로 신분을 초월한 춘향이와 이몽룡의 사랑 이야기
한국 전통 민속 공연	한국의 집	연중무휴 1차 공연 18:00 2차 공연 20:00	29,000원	판소리, 가야금 연주, 사물놀이 등 다양한 전통 공연. 공연 관람 시 _____ 제공
전통 춤 공연	민속 박물관	매주 토요일 3시	_____	한국 전통 춤 공연
	예술의 전당	6월 10일 ~ 6월 13일 저녁 7시 (하루 1회 공연)	R석 7만 원 S석 5만 원	유명한 오페라의 아리아 모음 콘서트

Activity 활동

수진은 인터넷으로 표를 예매하려고 합니다. 아래 공연 예매 안내를 보고 예매해 보십시오. 원하는 항목에 표시하고 예매한 표를 변경하거나 환불할 수 있는지에 대해서도 알아 봅시다.

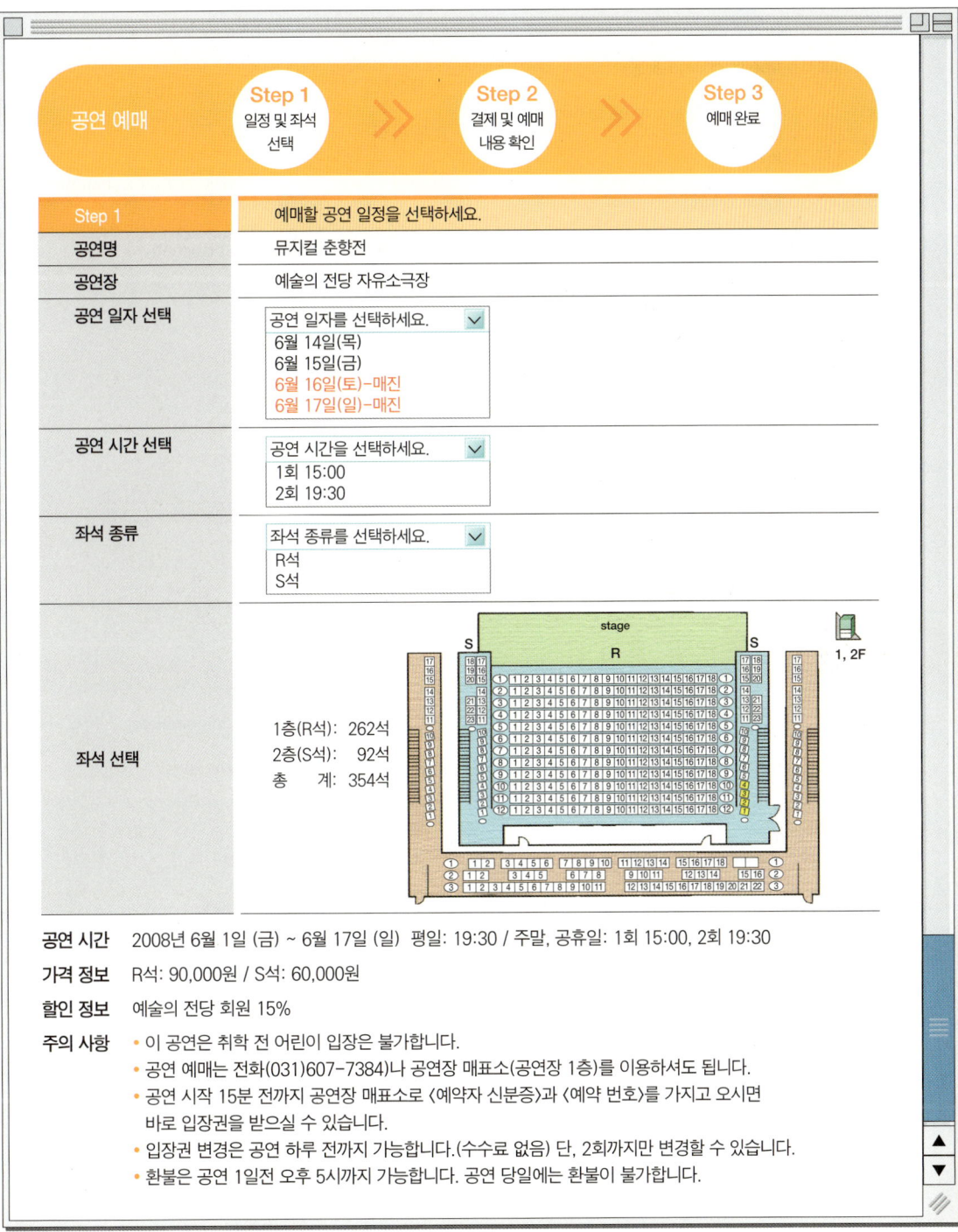

공연 예매 → Step 1 일정 및 좌석 선택 → Step 2 결제 및 예매 내용 확인 → Step 3 예매 완료

Step 1 예매할 공연 일정을 선택하세요.

- 공연명: 뮤지컬 춘향전
- 공연장: 예술의 전당 자유소극장
- 공연 일자 선택: 공연 일자를 선택하세요.
  - 6월 14일(목)
  - 6월 15일(금)
  - 6월 16일(토)-매진
  - 6월 17일(일)-매진
- 공연 시간 선택: 공연 시간을 선택하세요.
  - 1회 15:00
  - 2회 19:30
- 좌석 종류: 좌석 종류를 선택하세요.
  - R석
  - S석
- 좌석 선택:
  - 1층(R석): 262석
  - 2층(S석): 92석
  - 총   계: 354석

- 공연 시간: 2008년 6월 1일 (금) ~ 6월 17일 (일) 평일: 19:30 / 주말, 공휴일: 1회 15:00, 2회 19:30
- 가격 정보: R석: 90,000원 / S석: 60,000원
- 할인 정보: 예술의 전당 회원 15%
- 주의 사항:
  - 이 공연은 취학 전 어린이 입장은 불가합니다.
  - 공연 예매는 전화(031)607-7384)나 공연장 매표소(공연장 1층)를 이용하셔도 됩니다.
  - 공연 시작 15분 전까지 공연장 매표소로 〈예약자 신분증〉과 〈예약 번호〉를 가지고 오시면 바로 입장권을 받으실 수 있습니다.
  - 입장권 변경은 공연 하루 전까지 가능합니다.(수수료 없음) 단, 2회까지만 변경할 수 있습니다.
  - 환불은 공연 1일전 오후 5시까지 가능합니다. 공연 당일에는 환불이 불가합니다.

Vocabulary & Expressions 어휘와 표현

Listening Part

공연 (-하다)	performance, event (to perform)	일정표	schedule
놀리다	to make fun of, to tease 예 놀리지 마세요. Don't make fun of me.	입장권	admission ticket 유 입장표
농담	a joke	입장료	admission fee
무료	free of charge 유 공짜	전통 민속 공연	traditional folk performance
빼다	to be excepted, to be deducted	조선 시대	Joseon Era (1392~1910)
신분	identity	초월하다	to transcend
안내	information	판소리	Pansori (traditional Korean narrative song)
연중무휴	open throughout the year	할인(-하다)	discount (to discount)
예술의 전당	Seoul Arts Center		
유명하다	to be famous		
음악회	concert 유 연주회 orchestra, solo musician concert, 독주회 solo musician concert, 독창회 recital, 콘서트 concert 등		

Activity Part

가능하다	to be possible	완료(-하다)	completion (to complete)
결제	settlement of accounts, payment	입장	admission, entrance
공연 일자	date of performance	좌석 배치도	a seat plan
변경(-하다)	alteration (to alter, to change)	주의 사항	things to note, N.B.
불가(-하다)	to be not permitted, to be impossible	취학	entering school
수수료	commission, a fee	환불(-하다)	refund (to give a refund) 피 환불 받다 to get a refund
신분증	proof of identity, identification card		
예매 (-하다)	a booking (to make a prepaid booking)		

unit 05 | 시내 관광을 해 볼까요?

Preparation 준비

1. 다음은 서울 시내의 주요 관광지입니다. 다음 장소가 어디인지 〈보기〉에서 찾아 빈칸에 번호를 쓰십시오.

| 〈보기〉 | ① 명동 | ② 남산 | ③ 경복궁 |
| | ④ 롯데월드 | ⑤ 남대문 시장 | ⑥ 국립중앙박물관 |

2. 여러분은 위의 관광지 중에서 어디를 가 봤습니까? 어땠습니까? 얘기해 봅시다.

Listening 듣기

TRACK 05

서울 시내 관광을 하기 위해 서울 관광 버스를 탔습니다. 안내원이 말하는 관광 경로와 각 장소에 대한 설명을 잘 듣고 들르는 장소를 아래지도에서 찾아 화살표(→)로 연결하십시오. 그리고 각 장소의 특징에 대해 맞는 답을 쓰십시오.

경복궁
조선 시대의 궁전. 근정전, 경회루 등 대표적인 _____을 볼 수 있음

광화문
경복궁의 남쪽 문

덕수궁
조선 시대의 궁궐

인사동
미술관, 공예품점 등이 있는 전통과 예술의 거리

명동
백화점이 모여있는 쇼핑지역

남대문 시장
15세기부터 현재까지 서울의 중심 시장. 특히 _____이 유명함

남산
서울의 중심에 위치 _____, 운동장소, 공원으로 이용

이태원
외국 음식점, 상점이 많이 있음

국립중앙박물관
선사 시대부터 현대까지의 _____, 예술품 등을 볼 수 있음

Activity 활동

오늘은 7월 15일 일요일입니다. 폴 씨는 아내, 딸(10세), 아들(7세)와 함께 서울 구경을 하려고 합니다. 아래 정보를 보고 원하는 항목에 표시해 보십시오. 그리고 하루 동안의 관광 일정과 비용을 계획하여 아래 표에 정리해 보십시오.

- **서울 관광 버스**
  운행 시간   오전 9시(첫차)~오후 9시(막차)   운행 간격: 15분 마다 운행
  운행 구간   광화문 – 청와대 – 경복궁 – 인사동 – 명동 – 이태원 – 국립중앙박물관 – 서울역 – 광화문
  요금   1회 탑승권   어른 6,000원   어린이 (13세 이하) 3,000원
        1일 탑승권   어른 10,000원   어린이 (13세 이하) 5,000원

- **경복궁**

  관람 시간

3월~4월, 9월~10월		5월~8월				11월~2월	
평일 및 주말 (토·일·공휴일)		평일		주말 (토·일·공휴일)		평일 및 주말 (토·일·공휴일)	
매표 및 입장 마감	관람	매표 및 입장 마감	관람	매표 및 입장 마감	관람	매표 및 입장 마감	관람
09:00~17:00	09:00~18:00	09:00~17:00	09:00~18:00	09:00~18:00	09:00~19:00	09:00~16:00	09:00~17:00

  관람 요금

구분	대인 (19~64세)	소인 (7~18세)	단체	무료
일반 관람	3,000원	1,500원	어른 2,400원 (20명이상) 청소년 1,200원 (10명이상)	6세 이하 / 65세 이상 / 장애인
특별 관람	5,000원	5,000원	청소년 5,000원 / 어른 5,000원	-

  ※ 특별 관람: 경회루 관람(3월~10월 관람 가능 / 1일 3회 11:00, 14:00, 16:00 / 관람 인원 60명)

- **국립중앙박물관**
  1. 관람 시간   화·목·금요일: 오전 9시~오후 6시, 수·토요일: 오전 9시~오후 9시(*야간 개장), 일요일·공휴일: 오전 9시~오후 7시
  2. 관람료

구분	개인	단체 (20인 이상)	무료
일반 (19세~64세)	2,000원	1,500원	-
청소년(7세~18세)	1,000원	500원	6세 이하 65세 이상
어린이박물관	500원	500원	

  ※ 매표는 관람 시간 종료 1시간 전까지만 가능합니다.

관광 일정과 비용

시간	일정	비용
오전 9시	광화문 호텔 출발 (서울 관광버스로 이동)	
오후 8시	광화문 호텔로 돌아옴	

Vocabulary & Expressions 어휘와 표현

Listening Part

건축물	building	명소	famous place, famous landmark
경로	course, route	선사 시대	prehistoric age
경복궁	Gyeongbok Palace	소요되다	to take (time), to be necessary
경회루	Gyeonghoeru pavilion	야경	night view, the scene at night
공식적이다	to be official, to be formal	연회	a dinner party, a banquet
공예품점	handicraft shop	유물	relic, remains
국립중앙박물관	National Central Museum	의류 제품	clothing products, items of clothing
궁전	royal palace 유 궁궐	인사동	Insadong (place name)
근정전	Geunjeonjeon Ceremonial Hall	저렴하다	to be cheap, to be inexpensive
남대문 시장	Namdaemun Market	전시(-하다)	exhibition, display (to exhibit, to display)
남산	Namsan (name of mountain)	진심으로	sincerely
당시의	of the times, contemporary, of the same era	품질	quality
대표적이다	to be typical, representative 예) 대표적인 건물 a typical building	현대	modern, recent, current

Activity Part

개방(-하다)	opening (to open) to the public	일반 관람	public admission
공휴일	public holiday	일정	schedule
관람(-하다)	viewing (to view) 예) 관람료 admission fee	입장 마감	closing time, final admission
국경일	national holiday	장애인	a disabled person
대인	an adult	제외(-하다)	exclusion (to except)
마감(-하다)	conclusion, finish (to conclude, to finish)	종료	an end, a conclusion, a finish
매표	ticket sales	청소년	teenagers, adolescents, boys and girls
무료	free of charge	청와대	the Blue House (the President's residence)
비용	cost	탑승권	boarding card, ticket
소인	children	특별 관람	special admission, special viewing
운행 간격	operating times, frequency		

unit 06 차 좀 빌리려고 하는데요.

Preparation 준비

1. 여러분이 렌터카 회사에서 자동차를 대여한다면 어떤 차를 빌리고 싶습니까? 원하는 사항에 모두 ✓하십시오.

   - ☐ 승차감이 좋은 차
   - ☐ 속도가 빠른 차
   - ☐ 경제적인 차
   - ☐ 소형차
   - ☐ 중형차
   - ☐ 승용차
   - ☐ 지프차 (SUV)
   - ☐ 승합차 (van)
   - ☐ 수동
   - ☐ 자동

2. 여러분은 차를 대여해 본 적이 있습니까? 차를 대여할 때 어떤 서류가 필요했습니까? 특별한 조건은 없었습니까? 얘기해 봅시다.

Listening 듣기

TRACK 06

여행하기 위해 차를 빌리려고 합니다. 렌터카 회사 직원과 손님의 대화를 듣고 빈칸에 맞는 답을 쓰거나 맞는 내용에 ✓하십시오.

- 이 사람이 필요한 차는?
  - 기간 : _____ 동안
  - 승차 인원 : _____ 명
  - 선택한 차 : _____

차종	차 크기	대여 요금	장점
대우 마티즈	_____	57,000원	_____
삼성 SM5	중형	_____원	승차감이 좋음
현대 산타페	중형(SUV)	11만원	시골길이나 산길에 좋음

(1) 필요한 서류

국제 운전면허증, _____

(2) 결제 방법

☐ 현금 ☐ 수표 ☐ 신용카드

(3) 네비게이터

☐ 요금에 포함되어 있다 ☐ 따로 돈을 내고 사용한다

(4) 보험

☐ 요금에 포함되어 있다 ☐ 별도로 가입해야 한다

(5) 차 반납을 다른 곳에서 할 경우

☐ 별도의 요금이 있다 ☐ 별도의 요금이 없다

Activity 활동

1. 다음은 교통사고 대처 요령입니다. 교통사고가 났을 때 어떻게 해야 할지 다음을 주의해서 읽어보십시오.

교통사고 대처 요령

① 교통사고가 나면 정차해서 사상자가 있는지 확인한 후 긴급구조대나 주변 병원에 전화하여 구급차를 부릅니다.
  - 119 – 긴급 구조대
  - 129 – 응급의료 정보센터

② 현장 상태를 확인합니다.
  - 사고 현장의 사진을 찍습니다
  - 스프레이, 페인트 등으로 사고 상태를 표시합니다.
  - 목격자가 있는지 확인하고 연락처를 알아둡니다.

③ 경찰서 (전화 112)에 신고합니다.
  - 신고할 때는 사고 일시, 장소, 사상자 수, 부상 정도, 피해 정도 등을 알려 줍니다.
    (예: 자동차 2대 충돌, 길 파손, 3명 부상, 50대 초반 남자)

④ 보험회사에 연락합니다.

2. 자동차를 운전하다가 사고가 났습니다. 다음 사고 현장 그림을 보고 보험회사에 이것을 알리기 위한 보고서를 써 봅시다.

사고 보고서

일시: 7월 16일 오후 3시경

장소: 광화문 사거리

사고 상황:

Vocabulary & Expressions 어휘와 표현

Listening Part

4인승	carrying 4 people	보험	insurance
가입(-하다)	joining (to join)	서류	document
결제(-하다)	payment (to pay, to settle an account) 예 결제 방법 payment method	소형차	small car
경제적이다	to be economical	승차감	degree of passenger comfort in a car
계약서	a written contract, a contract form	여권	passport
고속도로 통행료	mortorway toll	요금	charges 예 차량 대여 요금 car rental fees
국제 운전면허증	international driving license	인원	the number of persons
기간	period of time	작성하다	to complete, to fill in (a form)
대여(-하다)	to lend, to hire out	장점	advantage, merit
따로	separately	주차	parking
렌터카	car hire, car rental	중형차	medium-sized car
반납(-하다)	returning, return (to return)	포함되다	to be included
별도(-의)	separate	할인되다	to have a discount

Activity Part

50대 초반	early 50s	신고(-하다)	written report, notification, statement (to report, to notify)
간단하다	to be simple, to be brief	연락처	contact details
교통사고	traffic accident	정차(-하다)	stopping (to stop) (a vehicle)
구급차	ambulance, rescue vehicle 유 응급차, 앰뷸런스	충돌(-하다)	collision (to collide)
긴급 구조대	emergency rescue team	파손(-되다)	damage, breakage (to be damaged, to be broken)
대처 요령	guidelines for handling	표시(-하다)	mark, indication (to mark, to indicate)
목격자	a witness, an eyewitness	피해	damage, harm
보고서	a written report, a written statement	현장	the scene, the site, the spot
부상	injury, wound		
사상자	casualties, the dead and wounded		
상태	condition, state		

unit 07 직원만 들어갈 수 있다고 써 있잖아요.

Preparation 준비

1. 다음은 도로나 공공장소에서 쉽게 볼 수 있는 표지판입니다. 다음 표지판은 어느 경우에 쓰는 것일까요? 얘기해 봅시다.

2. 여러분은 위의 표지판 외에 또 어떤 표지판을 알고 있습니까? 특별히 기억에 남는 표지판이 있다면 얘기해 봅시다.

Listening 듣기

TRACK 07

다음 여러 가지 상황의 대화를 듣고 각각의 대화에 해당하는 표지를 찾아 번호를 쓰십시오.

Activity 활동

다음 '화재시 대피 요령'에 대한 안내문을 읽고 맞는 것에 O, 틀린 것에 X 하십시오.

건물 화재 시 이렇게 대피합시다

- 엘리베이터는 절대 이용하지 않도록 하며 계단을 이용합시다.
- 화재가 발생한 사무실에서 탈출할 때에는 문을 반드시 닫고 나와야 하며 탈출하면서 열린 문이 있으면 모두 닫읍시다.
- 연기가 가득한 장소를 지날 때에는 최대한 낮은 자세로 대피합시다.
- 방안으로 연기가 들어오지 못하도록 문틈을 옷이나 커튼 등으로 막고, 주위에 물이 있으면 옷에 물을 적셔 입과 코를 막고 숨을 쉬십시오.
- 아래층으로 대피가 불가능할 때에는 옥상으로 대피합시다.
- 건물 밖으로 대피하지 못한 경우에는 밖으로 통하는 창문이 있는 방으로 들어가서 구조를 기다립시다.

지하철 화재 발생 시 이렇게 합시다.

- 노약자석 옆에 있는 비상버튼을 눌러 승무원과 연락합시다.
- 객차마다 비치된 소화기를 이용하여 불을 끕시다.
- 수동으로 출입문을 엽니다.
  수동으로 문을 여는 요령
  ① 출입문 쪽 의자 옆의 아래에 있는 조그만 뚜껑을 여세요.
  ② 뚜껑 속의 비상 코크를 잡아당기고, 공기 빠지는 소리가 멈출 때까지 3~10초간 기다립니다.
  ③ 공기가 빠진 후 손으로 출입문을 여세요.
- 출입문이 열리지 않으면 비상용 망치를 이용하여 유리창을 깨고, 망치가 없으면 소화기로 유리창을 깹니다.
- 코와 입을 수건, 티슈, 옷소매 등으로 막고 비상구로 신속히 대피합시다.
- 지상으로 대피가 여의치 않을 때에는 대피 요원의 안내에 따라 철로를 이용하여 대피합시다.

- **건물 화재 시**
  ① 엘리베이터를 타고 신속히 대피한다. ( )
  ② 대피할 때 사무실 문은 다음 사람을 위해서 열어 놓는다. ( )
  ③ 연기가 날 때는 물에 젖은 수건으로 코와 입을 막는다. ( )
  ④ 아래층으로 내려오지 못 하면 옥상으로 올라간다. ( )

- **지하철 화재 시**
  ① 지하철에 화재가 나면 승무원이 올 때까지 기다린다. ( )
  ② 수동으로 출입문을 열고 대피한다. ( )
  ③ 출입문이 안 열리면 유리창을 깨고 대피한다. ( )
  ④ 어떤 경우에도 철로로 나가서는 안 된다. ( )

Vocabulary & Expressions 어휘와 표현

Listening Part

경고	warning	분리 배출	separation (of rubbish) for disposal
관계자	person concerned 예 관계자 외 출입 금지 no entry except for staff	빨다	to wash (e.g. clothes)
금지	ban, prohibition 예 출입금지 no entry (lit: entry prohibited)	서행	driving slowly, going slowly
		세탁소	the dry-cleaners, laundry
노약자석	seats for the elderly and infirm	일단	once, first, once and for all
단독	exclusive	일방통행	one-way (street)
대다	to park 예 차를 대다 to park a car	장애인	a disabled person
만만치 않다	to be not easy	재고	stock 예 재고 정리 세일 stock clearance sale
만차	full (of a car park)	폐문	door closed, door out of use
맡기다	to leave (something) with (someone), to put in (e.g. for cleaning)	한참	a long while, a long way
밀리다	to accumulate, to tail back (in a traffic jam)		

Activity Part

가득하다	to be full to the brim	승무원	a crew member
객차	a carriage, a compartment, a coach	신속히	swiftly, rapidly
공기(-가) 빠지다	air escapes	여유가 있다	to have flexibility, to have a margin
구조	rescue, help, aid	여의치 않다	to go contrary to one's wishes, to go awry
누르다	to press		
대피(-하다)	evacuation (to evacuate)	연기	smoke 예 연기가 나다 to be emitting smoke
대피 요원	evacuation officer/personnel	옥상	rooftop
뚜껑	a lid, a cover	잡아 당기다	to pull, to tug
망치	a hammer	적시다	to drench, to soak
발생(-하다)	outbreak, occurrence (to break out, to occur, to happen)	절대(-로)	absolute (absolutely)
		젖다	to get wet
비치(-되다)	furnishing (to be furnished, to be equipped)	지상	overground
소매	sleeve 예 옷소매 sleeve	철로	rail track
소화기	a fire extinguisher	탈출(-하다)	escape (to escape)
수동	manual, hand-operated	화재	fire

unit 08 | 지하철에 카메라를 두고 내렸어요.

Preparation 준비

1. 사람들이 가장 많이 분실하는 물건은 무엇일까요? 또 물건을 분실하는 장소는 어디일까요? 얘기해 봅시다.

무엇을?
어디에서?

2. 여러분은 물건을 잃어버리고 당황했던 경험이 있습니까? 그 후에 물건을 다시 찾았습니까? 어떻게 찾았습니까? 얘기해 봅시다.

Listening 듣기

다음은 물건을 분실한 상황의 대화입니다. 잘 듣고 빈칸을 채우거나 맞는 내용에 ✓하십시오.

(1) 분실 장소 : _____
여행 경로 : 런던 - _____ - 서울
짐을 찾으면 ☐ 항공사에서 집으로 보내준다.
☐ 승객이 공항에 가서 찾아야 한다.

(2) 분실한 때 : _____
분실 장소 : _____
지금 새 카드를 발급받을 수 ☐ 있다
☐ 없다

(3) 분실 장소 : _____
이 사람은 열차의 ☐ 차량 번호
☐ 종착역 을(를) 기억한다.
상계역에서 찾지 못하면 _____로 연락한다.

Activity 활동

다음 분실 광고를 읽어 보고 물건을 찾는 광고를 만들어 봅시다.

우리 강아지를 찾습니다

종류 : 코카스페니얼
성별 : 암컷
크기 : 약 5kg 정도로 보통
특징 : 전체적으로 갈색털을 가짐. 사람을 아주 좋아함.
발생일 : 2008년 4월 18일
발생 장소 : 경기도 안양시 석수동 현대 아파트에서 실종
연락처 : 010-2971-5781

★ 이 강아지를 보셨거나 보호하고 계신 분은 연락주세요. 사례금 드리겠습니다.

휴대폰을 찾습니다

분실 물건	휴대폰
분실 일시	2008년 6월 12일. 저녁 10시쯤
발생 장소	서울. 이태원에서 종로로 가는 택시 안
사례금	20만 원
특징	화면에 여자 셋이 찍은 사진이 있고 고리가 달려 있습니다.
상세 내용	제가 아는 사람들의 전화번호와 사진들이 들어 있습니다. 저에게는 아주 소중한 것입니다. 보신 분은 꼭 연락 주세요. 사례는 충분히 하겠습니다.
연락처	이름 : 김수희 전화 : 02-913-8523
E-mail	suhee913@hanamail.net

미아 찾기

이름	김수연
발생일	2008년 3월 10일
발생 지역	서울 구로2동 집 근처
생년월일	2003년 6월 14일
성별/나이	여 / 5세
특징	쌍꺼풀이 없고 오른쪽 눈 밑에 작은 점이 있음. 왼쪽 발목 부분에 흉터가 있음.
연락처	전화 : 02-880-8558 휴대폰 : 019-219-9358
E-mail	support@helproad.com

Vocabulary & Expressions 어휘와 표현

Listening Part

경로	route, course	업무	operating, business 예 업무 시간 business hours
두고 내리다	to leave behind, to misplace	유실물 센터	lost property centre, lost & found service centre
발급 받다	to have (something) issued	접수(-하다)	receipt, acceptance (to receive, to accept)
보관(-하다)	safekeeping (to keep safe)	조회(-하다)	enquiry (to enquire)
분실(-하다)	loss (to lose)	종착역	final destination, final station
비밀 번호	secret number, PIN	짐	baggage, luggage
빠지다	to be missing	차량 번호	vehicle number
상담원	an advisor, a consultant	카드 내역	card transactions
상품	products	칸	compartment, carriage
선반	a shelf, a luggage rack		
수화물	personal luggage, baggage 예 수화물표 baggage claim tag		
신고(-하다)	report, notification (to report, to notify) 예 신고서 a written report		

Activity Part

갈색	brown	소중하다	to be important, to be precious 예 소중한 물건 important items, valuables
고리	a ring, a loop	실종	disappearance, going missing
광고	an advertisement, a notice	쌍꺼풀	a double eyelid
달려 있다	to be attached	암컷	female (for an animal)
미아	a missing child	점	a spot
발생(-하다)	occurrence (to occur, to happen)	충분히	sufficiently
보호(-하다)	protection, shelter (to protect, to shelter)	특징	special features
부분	a part	흉터	a scar
사례하다	to reward 예 사례금 a reward		
상세 내용	details, particulars		
성별	by sex, by gender		

unit 09 집에 손볼 곳이 많아요.

Preparation 준비

1. 여러분은 집을 구할 때 어떻게 구하나요? 구해 본 적이 있다면 그 경험에 대해서 얘기해 보십시오.

2. 다음 중 집을 구할 때 중요하다고 생각하는 조건이 있다면 ✓ 하십시오.

- ☐ 집값이 싼 집
- ☐ 정원이 딸린 집
- ☐ 교통이 편리한 집
- ☐ 직장이나 학교에서 가까운 집
- ☐ 매달 세를 내는 월세
- ☐ 살기 편리한 아파트
- ☐ 새로 지어서 시설이 깨끗한 집

- ☐ 전망이 좋은 집
- ☐ 방이 많이 있는 큰 집
- ☐ 공기 좋고 주변 환경이 좋은 집
- ☐ 주변에 여러 편의 시설이 있는 집
- ☐ 한꺼번에 큰 돈을 내는 전세
- ☐ 독립적으로 살 수 있는 단독 주택
- ☐ 가구나 가전제품 등이 갖추어 있는 집

Listening 듣기

TRACK 09

다음은 새로 구하는 전셋집에 문제가 있어서 부동산 직원과 나누는 대화입니다. 잘 듣고 아래의 집 그림에 문제가 있는 곳을 표시하고 무슨 문제인지 쓰십시오.

Activity 활동

다음은 부동산 광고입니다. 다음 중에서 어느 집을 선택하겠습니까? 그 이유는 무엇입니까? 빈칸에 쓰십시오.

아파트 매매 ☐
- 방 2 개짜리 (105㎡) 아파트
- 전망 좋은 9층에 위치, 남향
- 강남 지하철역에서 마을 버스로 10분거리
- 상가와 학교 근접
- 가격 : 2억 5천만 원

이태원동 고급 주택가 빌라 ☐
- 지하철 6호선 이태원역 도보 5분
- 방 세 개, 화장실 두 개 (125㎡)
- 4층 건물에 3층
- 9월부터 입주 가능
- 주차장, 엘리베이터 있음
- 보증금 5,000만 원, 월 150만 원

원룸 전세 ☐
- 조용하고 깨끗한 원룸 형 오피스텔
- 지하철 2호선 서울대 입구역 3분거리
- 직장인, 대학생 환영
- 모든 가전제품 갖춤 (에어컨, 냉장고, 세탁기, 전자레인지, 책상, 옷장 등)
- 주차 가능
- 월 관리비는 7만 원 (인터넷 포함) 난방비, 전기세는 따로 냅니다.
- 전세나 월세 가능: 전세 5,300만 원 또는 보증금 300만 원+월 50만 원

신촌역 하숙집 ☐
- 신촌역에서 도보로 5분거리
- 아침, 저녁식사 제공
- 침대, 책상, 무료 인터넷
- 조용하고 편안한 단독 주택에서 하숙 하실 분은 지금 바로 연락 주십시오.
- 가격 : 월 40만 원
- 연락처 : 016-315-9947

- 살고 싶은 집 : _____
- 이유 : _____
_____
_____
_____

Vocabulary & Expressions 어휘와 표현

Listening Part

가전제품	household electric appliances
갈다	to change, to replace
거실	living room
겉보기	outer appearance
결정(-하다)	decision (to decide, to decide on)
계약(-하다)	contract (to make a contract)
구하다	to procure, to get 예 집을 구하다 to procure a house
금방	immediately
낙서투성이	covered all over with sribble/graffiti
낡다	to be old, to be worn out
단독 주택	a detached house
더럽다	to be dirty
딸리다	to belong to, to be attached to
벽지	wallpaper
변기	toilet bowl
부동산	real estate, a real estate agent
선반	a shelf, a ledge
손보다	to repair, to mend 예 집을 손보다 to repair a house
시설	equipment, facilities
싱크대	kitchen unit
쓸 만하다	to be usable
얼룩	a stain
잠금장치	a lock fitting
잠기다	to lock
전등	an electric light, an electric lamp
편의 시설	convenient facilities
현관문	entrance door
흔하다	to be common, to be easily obtainable

Activity Part

갖추다	to have ready, to equip, to furnish
관리비	service charge, management fees
근접(-하다)	near (to be near)
난방비	heating costs
남향	south-facing
도보	on foot
마을 버스	town bus
매매(-하다)	buying and selling (to buy and sell, to trade in)
보증금	a security deposit, key money
비용	costs, expenses
상가	shopping centre
세탁기	a washing machine
오피스텔	officetel, a studio apartment (can be used as an office)
원룸	one-room, a studio flat
월세	monthly rent
입주(-하다)	moving in (to move in)
전기세	electric bill
전망(-이) 좋다	to have a good view
전세	a rental system involving deposit of a large and returnable capital sum with the landlord (the lease of a house on a deposit basis)
전자레인지	a microwave oven
하숙	lodging, boarding house

unit 10 | 소파는 어디에 놓을까요?

Preparation 준비

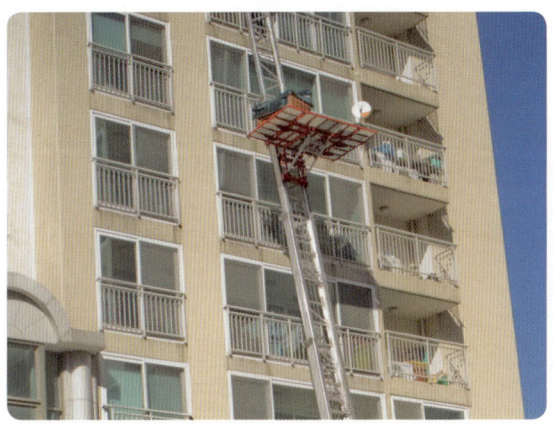 

1. 이사를 하려고 합니다. 어떤 순서로 이사를 하면 좋을까요? 맞는 순서대로 번호를 쓰십시오.

- ☐ 짐을 싼다
- ☐ 큰 가구를 배치한다
- ☐ 이삿짐 센터에 연락해서 예약한다
- ☐ 이사할 날짜를 정한다
- ☐ 짐을 풀고 정리한다
- ☐ 이삿짐을 옮긴다

2. 여러분은 이사할 때 어떤 일이 가장 힘듭니까? 이사할 때 보통 누가 도와 줍니까? 얘기해 봅시다.

Listening 듣기

TRACK 10

다음은 이삿짐을 옮기는 상황의 대화입니다. 잘 듣고 물건들을 어디에 놓을지 집 그림 안에 표시하십시오.

Activity 활동

여러분이 이사를 한다면 아래 이사 서비스 중 어느 것을 선택하겠습니까? 빈칸에 ✓하십시오. 그리고 '이사 시 점검 사항'을 읽고 여러분이 필요한 항목에도 표시하십시오.

- ☐ **포장이사 서비스 ▶ 저렴한 가격에 포장과 정리 정돈, 청소 서비스까지 원하시는 분**
  완벽한 포장 서비스 (장롱, 침대, 소파, 냉장고 등) / 청소 (냉장고, 싱크대 등) / 정리 정돈 서비스

- ☐ **보관이사 서비스 ▶ 부득이한 사정으로 이사 날짜가 안 맞을 때 이용하는 서비스**
  집 수리 / 이사날짜 지연 / 해외 또는 지방 장기근무 등으로 이사 일정이 안 맞을 때.
  이삿짐 전용 창고에 보관 후 원하는 날짜에 이사

- ☐ **일반이사 서비스 ▶ 포장과 정리 정돈이 필요 없이 최소의 가격으로 이사를 원하시는 고객**
  가구, 냉장고, 세탁기 등 큰 짐은 고객이 원하는 자리에 배치.
  나머지는 고객이 직접 정리

- ☐ **용달이사 서비스 ▶ 혼자 사시는 분, 학생, 하숙방이나 원룸을 옮기실 분, 용달차만 사용하실 분**
  짐이 적어서 직접 포장·이사할 수 있는 고객을 위한 용달차 대여 서비스

〈이사 시 점검 사항〉

기간	항목	관할 기관	✓하세요.
2주 전	이삿짐 센터 연락 및 예약	이삿짐 업체	
	자녀 전학 수속	학교	
	서랍, 베란다, 옥상, 창고 정리	–	
	불필요한 물품 버리기	–	
1주 전	통장, 신용카드 주소 변경	은행	
	우편물 배달 이전 신고	우체국	
	전화 이전 신고	전화국	
	배달 중지 요청 : 신문, 우유 등	각 보급소	
이사 전날	마지막 짐 정리	–	
	공과금 정산 : 수도, 전기, 가스, 전화, TV 요금 및 아파트 관리비 정산	아파트 관리 사무소	
	냉장고 정리 (음식 처리)	–	
이사 당일	집 안팎의 청소	–	
	이삿짐 확인과 정리 – 이사 비용 정산	–	
	전입 신고	동사무소	

Vocabulary & Expressions 어휘와 표현

Listening Part

가운데	centre, middle	배치(-하다)	arrangement placement (to arrange, to place)
구석	a corner, the inside corner	붙박이장	built-in wardrobe
두다	to put, to place	붙이다	to attach, to fix, to fasten
둥글다	to be round, to be circular 예) 둥근 탁자 a round table	옮기다	to move (something)
딱	closely, tightly	이삿짐	household effects to be moved (when moving house)

Activity Part

공과금	public utilities charge	자녀	offspring, sons and daughters
냉장고	a refrigerator	장기 근무	long-term work
당일	the appointed day	장롱	a wardrobe, a dresser
대여(-하다)	lending, a loan (to lend, to lease)	전용 창고	a private warehouse, a private store
동사무소	a dong office, a town block office	전입 신고	a moving-in notice
배달(-하다)	delivery (to deliver)	전학	a change of schools
배치(-하다)	arrangement, placement (to arrange, to place)	점검 사항	things to check, items to check
변경(-하다)	alteration, a change (to alter, to change)	정리(-하다)	sarrangement (to arrange, to regulate, to tidy up)
보관(-하다)	safekeeping (to keep safe)	정산(-하다)	settlement of accounts (to settle up, to pay)
부득이하다	to be unavoidable, to be inevitable, to be obligatory	중지(-하다)	discontinuance, suspension (to discontinue, to suspend)
수속(-하다)	formalities, procedure (to do the formalities)	지방	district, region, area
		지연(-되다)	delay (to be delayed, to be postponed)
싸다	to pack 예) 짐을 싸다 to pack luggage	창고	warehouse, storage
업체	a business, a company 예) 이삿짐 업체 a removal company	통장	a bank account (lit: a bank book)
옥상	the roof, rooftop	포장(-하다)	packing (to pack) 유) 싸다
요청(-하다)	a demand, a request (to demand, to request)	풀다	to unpack 예) 짐을 풀다 to unpack luggage
용달차	a delivery van	항목	an item, a heading
이전(-하다)	moving, removal (to move, to transfer)		

unit 11 통장을 만들고 싶은데요.

Preparation 준비

1. 다음은 은행에서 많이 사용하는 단어입니다. 다음 단어의 뜻이 무엇인지 알아 봅시다.

| 입금 | 송금 | 대출 | 이자 | 적금 | 무통장 입금 | 텔레뱅킹 |
| 출금 | 외환·환전 | 예금 | 잔액 | 자동 이체 | 계좌 이체 | 인터넷 뱅킹 |

2. 여러분은 주로 어떤 업무를 위해 은행을 이용합니까? 얘기해 봅시다.

Listening 듣기

TRACK 11

다음 은행에서 일어나는 대화를 듣고 아래 예금 거래 신청서의 어느 부분을 써야 하는지 ✓하십시오.

예금 거래 신청서

성명	(한글)	주민등록번호 /외국인 등록번호
	(영문)	
자택 주소		
전화번호		
직장명		직위	
직장 주소		직장 전화 번호	
취미		이메일	
통장 종류	저축예금 ☐ 정기예금 ☐ 정기적금 ☐
카드	현금카드 ☐ 체크카드 ☐ 신용카드 ☐ 현금카드 기능이 있는 체크카드 ☐
인터넷 뱅킹		인터넷 ID	

본인은 예금 및 금융 서비스에 동의하고 위와 같이 거래를 신청합니다.

년   월   일   (인, 서명)

Activity 활동

사라는 인터넷 쇼핑몰에서 옷을 주문하고 옷 값 5만 원을 월요일 오후 2시에 쇼핑몰 회사의 계좌로 송금하려고 합니다. 이 경우 수수료는 얼마나 드는지 표시해 봅시다. 또 무통장 입금증을 써 보고 현금 자동 입출금기를 이용할 때 어떤 것을 선택해야 하는지 표시해 봅시다.

- 사라의 계좌 번호: 234 - 25 - 432012 (농협)
- 쇼핑몰 계좌 번호: 913 - 0458 - 8109 (신한은행)
  (예금주 : 인터넷 쇼핑몰)

〈송금 수수료〉

		당행	타행
창구		1,000원~2,000원	2,000원~4,000원(송금액에 따라)
ATM기		영업 시간 내 무료	1,000원~1,500원
		영업 시간 후 500원	이용 불가
인터넷		무료	500원

1. 무통장 입금증을 써서 송금할 때

2. 현금 자동 입출금기 사용할 때

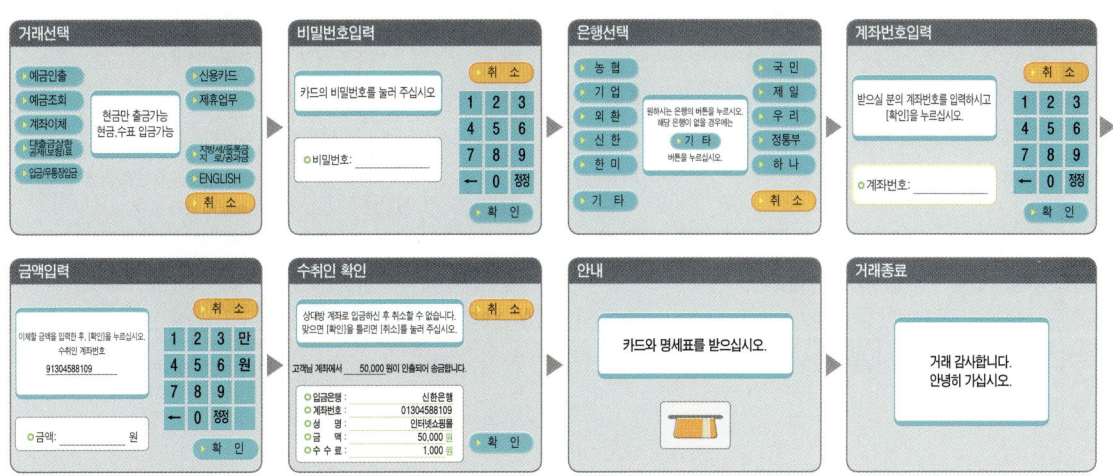

Vocabulary & Expressions 어휘와 표현

Listening Part

결제(–하다)	settlement of accounts, payment (to settle up, to pay)	잔액	the balance
공인인증서	written proof of authorization	저축예금	a savings deposit
대출(–하다)	a loan (to lend, to make a loan) 피 대출 받다 to get a loan, to borrow	저축하다	to save
		정기예금	a regular savings deposit, a fixed deposit
발급(–하다)	issue (to issue) 피 발급 받다 to have (something) issued	정기적금	regular savings installments
부치다	to send	주민등록번호	resident registration number, ID number (cf) 외국인 등록번호 alien registration number
성명	a name		
송금(–하다)	remittance (to remit)	직위	job position, job title
예금 거래 신청서	application form for opening an account	직장명	name of workplace
		체크카드	a debit card
외환	foreign exchange	출금(–하다)	withdrawal, payment (to make a withdrawal, to pay out)
이루어지다	to be achieved, to be accomplished		
이자	interest	통장	a bank account (lit: a bank book) 예 통장(을) 만들다 to 'make a bank book' (meaning to open an account), 계좌를 열다 to open an account
입금(–하다)	a deposit (to deposit)		
자택	a private residence, a home		
자동이체	automatic transfer	표시(–하다)	indication, mark (to indicate, to mark)

Activity Part

당행	our bank, this bank	정정(–하다)	to correct, to amend
마치다	to end, to finish	창구	a window
무통장 입금	depositing money without a bank book	취소(–하다)	cancellation (to cancel)
반환(–하다)	repayment (to repay)	타행	another bank
성공적으로	successfully	평일	weekdays
수수료	commission, handling fees, charges	현금 자동 입출금기	ATM (automatic cash machine)
완료되다	to be completed	확인(–하다)	checking, confirmation (to check, to confirm)
적금(–하다)	installment savings (to save by installment)	환전(–하다)	money exchange (to change money, to change currency)

unit 12 아파트에 살아요.

Preparation 준비

1. 여러분은 아파트에 살아 본 적이 있습니까? 주택과 비교해서 어떤 점이 편리하고 어떤 점이 불편합니까? 얘기해 봅시다.

2. 아파트 관리비에 무엇이 포함될까요? 다음 중에서 골라 빈칸에 ✓하십시오.

☐ 청소비   ☐ 소독비   ☐ 승강기 유지비

☐ 수선 유지   ☐ 전기 요금   ☐ 수도 요금

☐ 가스 요금   ☐ 난방비   ☐ 주차비

☐ TV 시청료   ☐ 전화 요금

Listening 듣기

TRACK 12

두 사람이 이번 달 아파트 관리비 고지서를 보면서 얘기하고 있습니다. 잘 듣고 빈칸에 맞는 답을 쓰고 이번 달에 내야 하는 금액을 찾아 ✔하십시오.

관리비 고지서

2008년 11월   편한 아파트 102동 307호

영수증 (입주자용)					영수증 (은행용)	
일반 관리비	21,000원	전기료	세대	32,000원	이번 달 부과액	135,800원
청소비	2,000원		공동	3,000원	미납액	_____원
소독비	1,500원		승강기	1,200원	납기 내 금액	250,800원
승강기 유지비	900원	_____		45,000원	연체료	_____원
수선 유지비	1,200원	_____		21,000원	납기 후 금액	253,300원
화재 보험료	500원	온수		6,500원	납기 마감일	___월___일
		총액		135,800원	납부 은행	조은은행 사당점

※ 관리비 납부는 _____ 하시면 은행에 갈 필요가 없어 편리합니다.
※ _____ (무통장 입금번호 : 농협 079-02-610948)이나 전화(060-706-7000)로 납부하실 수 있습니다.

Activity 활동

쓰레기 배출 요령에 대한 안내를 보고 아래 표에 쓰레기를 버릴 수 있는 시간, 장소, 방법을 간단하게 써 보십시오.

〈쓰레기 배출 요령 안내〉

쓰레기 종류	시간	장소	기타
일반 쓰레기	수시로	각 동 앞 쓰레기통	정해진 쓰레기 봉투를 사용하여 배출합니다. 쓰레기 봉투는 슈퍼마켓에서 판매합니다.
재활용 쓰레기	매주 수요일 (오전 9시~낮 12시)	103동 앞	병류, 종이류, 플라스틱류, 비닐류, 스티로폼으로 분류하여 배출합니다.
음식물 쓰레기	매일 (오전 9시~낮 12시)	각 동 앞 음식물 쓰레기통	물기 없이, 다른 이물질이 섞이지 않도록 주의하여 배출합니다.
의류 및 신발, 이불류	매주 수요일 (오전 9시~낮 12시)	관리 사무소 앞 의류함	사용할 수 있는 물품에 한해 깨끗하게 빨아 정리하여 의류함에 넣습니다.
가구 및 전자 제품	관리 사무소에 문의	각 동 수위실 앞	관리 사무소에서 스티커를 구입하여 붙인 후 지정된 장소에 배출합니다. 사용 가능한 제품은 재활용센터 (236-7171)에 연락하여 수거하게 합니다.

(1) 언제 : _____
어디에 : _____
어떻게 : _____

(2) 언제 : _____
어디에 : _____
어떻게 : _____

(3) 언제 : _____
어디에 : _____
어떻게 : _____

(4) 언제 : _____
어디에 : _____
어떻게 : _____

Vocabulary & Expressions 어휘와 표현

Listening Part

고지서	written notice, notice of payment due	수도 요금	water bill, water rates 윤 수도세
공과금	public utilities charges	수선 유지비	repairs and maintenance costs
관리비	management costs, service charge	승강기 유지비	elevator maintenance costs
관리 사무소	(apartment) management office, control office	시청료	TV license fee, TV subscription fee
난방비	heating costs	연체료	late payment charge
납기 마감일	the payment date, the payment deadline	온수	hot water
납부(-하다)	payment (to pay)	전기 요금	electricity bill 윤 전기세 electricity rates 전기료 electricity charges
미납액	unpaid amount	종료	completion, an end, an expiry
부과액	the amount imposed 예 부과하다 to impose, to levy (a tax, fee)	지점	a (company, bank) branch
벌금	a fine, a penalty	청소비	cleaning charges
소독비	disinfection charge for cockroaches, bugs, other contaminations	총액	total amount, total sum
		화재 보험료	fire insurance premium

Activity Part

규격	a standard, a norm	수위실	security guard office (in an apartment or company)
문의(-하다)	enquiry (to enquire)	스티로폼	styrofoam, polystyrene
물기	moisture, dampness	쓰레기	rubbish
배출(-하다)	disposal (to dispose of)	요령	(1) guidelines, (2) a knack
부서지다	to be broken, to be smashed, to be damaged	의류	clothing 예 의류함 clothes box (for recycling)
분류(-하다)	classification, separation (to classify, to separate)	이물질	foreign substance
비닐	vinyl	이불	quilt, bedclothes
빨다	to wash (e.g. clothes)	재활용	reuse, recycling
섞이다	to be mixed	전자 제품	electronic goods, electronic appliance
수거(-하다)	removal, taking away (to take away, to remove e.g. rubbish)	지정(-되다)	designation (to be designated, to be assigned), 지정하다 to designate, to assign
수시로	at any time	판매(-하다)	selling, marketing (to sell)

unit 13 | 친절하고 유머 감각이 있어.

Preparation 준비

1. 다음은 성격을 가리키는 말입니다. 나의 성격은 어떻습니까? 얘기해 봅시다.

활달하다 / 내성적이다 / 외향적이다
조용하다 / 냉정하다 / 까다롭다
사교적이다 / 꼼꼼하다 / 소심하다
다정다감하다 / 유머 감각이 있다 / 생각이 깊다

2. 어떤 성격의 사람이 나와 잘 맞는다고 생각합니까? 얘기해 봅시다.

Listening 듣기

TRACK 13

다음은 결혼식 피로연에서 신부가 친구한테 신랑 친구들을 소개하는 대화입니다. 잘 듣고 각 사람의 특징을 빈칸에 쓰십시오.

Activity 활동

1. 크리스마스 때 받고 싶은 선물로 알아보는 성격 테스트입니다. 다음 중에서 받고 싶은 선물을 골라보십시오.

2. 아래는 당신이 고른 물건에 따른 성격 묘사입니다. 당신의 성격과 맞습니까? 어떤 점이 맞고 어떤 점이 다른지 얘기해 봅시다.

반지
당신은 섬세한 감성을 지닌 로맨티스트입니다. 특별한 이벤트를 좋아해서 이번 크리스마스에도 연인으로부터 깜짝 파티나 선물을 기대하고 있을 것 같습니다.

목도리
당신은 꼼꼼한 성격을 지녔습니다. 일과 공부 모든 면에서 최고가 되기 위해 노력하는 의지가 강한 사람입니다. 그렇지만 사랑 앞에서는 아주 약해지는군요. 일보다는 사랑을 택하겠습니다.

수첩
당신은 성실한 성격을 가지고 있습니다. 일도 사랑도 어느 것 하나도 소홀히 하지 않는군요. 당신은 그날 그날의 작은 추억을 소중히 여기는 사람입니다.

스웨터
당신은 예의 바른 사람입니다. 따뜻한 마음을 지녀서 눈물도 많고 동정심도 많습니다. 크리스마스가 다가오면 도움을 필요로 하는 곳에 마음이 먼저 가 있지 않나요?

지갑
당신은 매우 활동적인 성격을 가지고 있습니다. 친구들과 함께 하는 여행을 아주 좋아하지요. 언제나 활기차고 쾌활한 당신 이번 크리스마스에도 친구들과 여행을 준비하고 있을 것 같은데요.

인형
당신은 사랑스러운 매력을 지닌 사람으로 이성에게 인기가 많습니다. 그래서 오해도 많아 싸울 수 있습니다. 연인에게 충실한 모습을 많이 보여 주세요.

Unit 13   65

Vocabulary & Expressions 어휘와 표현

Listening Part

가리키다	to indicate, to denote, to point at
개성(-이) 있다	to be a character, to be an individual
고등학교	high school
귀엽게 생겼다	to look cute, to look sweet
글	writing
까다롭다	to be difficult, to be hard, to be vexing
까맣다	to be black 예 까만 양복 a black suit
꼼꼼하다	to be careful, to be meticulous, to be scrupulous
내성적이다	to be introspective, to be reserved, to be introverted
냉정하다	to be calm, to be cool, to be composed
다정다감하다	to be warm-hearted, to be kind-hearted
마음에 들다	to like 예 마음에 드는 사람 a person one likes, a likeable person
멋있게 생겼다	to be good-looking
사교적이다	to be sociable
생각이 깊다	to be thoughtful, to be considerate
성격	personality, character
소심하다	to be timid
스포츠광	a sports maniac, a sports fan, a sport-mad person
애인	a sweetheart, lover
얼굴	a face
엄청	very
외향적이다	to be outgoing, to be extroverted
유머 감각이 있다	to have a sense of humour
조용하다	to be quiet, to be calm, to be placid, to be serene
체크 무늬	checked
출장	business trip
특징	special feature, characteristic
피로연	a (wedding) reception, a banquet
활달하다	to be lively, to be broad-minded

Activity Part

기대하다	to hope
동정심	sympathy
소중히 여기다	to cherish, to treasure
수첩	diary, notebook
싸우다	to fight
약하다	to be weak
연인	a sweetheart, a lover
예의 바르다	to be courteous
오해	a misunderstanding
의지가 강하다	to be strong-willed
이성	opposite sex
인형	a doll
지갑	a purse, a wallet
지니다	to keep, to preserve
추억	recollection, reminiscence
충실하다	to be faithful, to be loyal
쾌활하다	to be cheerful
택하다	to choose
활기차다	to be energetic, to be vigorous
활동적이다	to be active, to be energetic, to be dynamic

unit 14 면접 보러 왔는데요.

Preparation 준비

1. 여러분은 취직하기 위해서 면접을 본 적이 있습니까? 면접관이 무슨 질문을 했습니까? 얘기해 봅시다.

2. 다음은 취직하려고 할 때 필요한 절차입니다. 순서대로 번호를 쓰십시오.

☐ 지원한다 ☐ 면접을 본다

☐ 필기시험을 본다 ☐ 첫 출근을 한다

☐ 합격 통보를 받는다 ☐ 직원 모집 광고를 찾는다

☐ 지원서, 이력서, 자기소개서를 쓴다

Listening 듣기

TRACK 14

폴이 취직하기 위해 면접 시험을 보고 있습니다. 잘 듣고 폴의 이력서의 빈칸을 채우거나 맞는 것에 ✓하십시오.

이 력 서

● 인적사항

성 명	(한글) 폴 존슨 (영문) Paul Johnson	국 적	_____
생년월일	_____년 4월 12일생		
주 소	서울시 동작구 사당동 우성아파트 101동 304호		
결혼 관계	미혼 / 기혼	연락처	(전화) 011-347-3409 (이메일) pjohnson@goo.com

● 학력 및 경력 사항

날 짜	학 력
1992년 7월	영국 요크 킹스 고등학교 졸업
1996년 7월	영국 요크 대학교 졸업 (전공 : _____, 부전공 : 프랑스어)
1999년 9월~2001년 6월	영국 런던대학교 _____ 과정 수료

날 짜	경 력
1996년 6월~1997년 7월	세계 _____ 근무
1997년 9월~1998년 8월	영국 리즈 초등학교 프랑스어 _____ 교사
1999년 4월~___년 11월	영국 런던 소재 영어학교 교사 (일반인 영어 _____ 과정)
2004년 7월~2007년 7월	한국 수원 영어 학원 영어교사 (_____ 학생 과정)

● 취미 및 특기

태권도, _____

위에 기재한 사항이 틀림이 없습니다.

200 년 월 일 본인 _____ (인)

Activity 활동

다음은 김은미 씨가 회사에 취직하기 위해 작성한 자기소개서입니다. 잘 읽고 아래 광고 중에서 김은미 씨에게 맞는 직장을 찾아 빈칸에 표시하십시오.

자기소개서

김은미

1980년 6월 30일 2녀 중 장녀로 태어나 은행에 다니시는 아버지와 주부이신 어머니 아래서 성장했습니다. 부모님께서 항상 가정의 화목을 중요하게 생각하셔서 어렸을 때부터 가족끼리 자주 여행을 다녔습니다.

저는 성격이 활달하고 사람 만나는 것을 아주 좋아하는 편입니다. 다른 사람에게 될 수 있으면 화내지 않고 웃는 모습을 보여 주기 위해 많이 노력합니다. 가끔 그런 성격이 저에게는 조금 스트레스가 되기도 하지만 항상 웃는 얼굴이 보기 좋다는 말을 많이 듣습니다.

고등학교 졸업 후에 학교 선생님의 추천으로 1년 동안 백화점에서 판매직으로 근무했습니다. 사교적이고 긍정적인 성격이 그 일에 많은 도움이 되었다고 봅니다. 그 경험을 살려서 일해 보고 싶습니다.

신입 사원 모집 ☐
1. 모집 부문 : 일반 사무직
2. 지원 자격 : 4년제 대학 졸업자 및 졸업 예정자
3. 전형 방법 :
   1차 서류 심사 → 2차 면접 → 합격자 발표
4. 서류 제출 : 입사 지원서 (온라인 접수)
5. 기타 : 서류 심사 후 개별 면접 통보
※ 제출 서류는 반환하지 않습니다.

매장 관리 및 판매 직원 구함 ☐
- 유기농 식품점
- 사교적이고 긍정적인 성격의 소유자
- 식품 관련 판매 경험자 우대
- 연령은 20~40세
- 성별 불문
- 급여는 면접 후 결정

관광 안내원 모집 ☐
- 외국어 가능자
  (영어, 일어, 중국어, 러시아어 각 2명)
- 학력, 연령 제한 없음

아르바이트 직원 모집 ☐
- 사무 보조원
- 3개월 이상 근무자
- 일 8시간 시급 5천 원
- 연락처 : 522-3141

Vocabulary & Expressions 어휘와 표현

Listening Part

결정되다	to be decided
경력	work experience
광고	an advertisement
그만 두다	to resign, to give up, to leave (a job)
근무하다	to work at
모집(-하다)	recruitment (to recruit)
보조 교사	an assistant teacher, a teaching assistant
본격적으로	in earnest, seriously
부전공	a subsidiary subject
성인	an adult
수료(-하다)	completion (to complete e.g. courses)
의사소통	mutual understanding, communication
이력서	a CV, a personal resumé
자기소개서	an introduction of oneself in writing
자신이 있다	to be confident
자연스럽게	naturally
전공	a major, a main subject, a specialization
지원(-하다)	application (to apply) 예 지원서 an application form
취직(-하다)	to get a job
통보(-하다)	notification (to notify) 예 통보를 받다 to get notification, to be notified
특기	a special skill
필기시험	a written examination
학력	academic background
학원	schools for extracurricular activities 예 피아노 학원 piano school
합격(-하다)	passing an examination (to pass an examination)

Activity Part

개별	individual, in person
급여	pay, wages 예 주급 weekly wage, 월급 monthly salary, 연봉 annual salary
긍정적이다	to be positive, to be affirmative
기타	others, the rest
반환(-하다)	return (to return, to give back)
발표(-하다)	an announcement (to announce)
부문	a section, a category
불문(-하다)	disregard (to disregard)
사무 보조원	office assistant
사무직	office work
성별	distinction of sex, gender
신입 사원	a new staff member (in a company)
심사(-하다)	judging (to judge, to examine)
우대(-하다)	preferential treatment (to treat preferentially)
유기농	organic
입사하다	to join a company
작성(-하다)	filling in, drawing up (to fill in, draw up)
장녀	eldest daughter
전형 방법	method of selection
접수(-하다)	receipt, acceptance (to receive, to accept)
제출하다	to submit, to hand in 예 제출서류 documents for submission
제한(-하다)	limit (to limit)
판매직	sales position
화목(-하다)	peace, harmony, agreement (to be in harmony)

unit 15 쌈밥을 만들어 보겠습니다.

Preparation 준비

1. 여러분은 요리하는 것을 좋아합니까? 한국 요리를 해 본 적이 있습니까? 얘기해 봅시다.

2. 다음은 요리 방법을 표현하는 말입니다. 설명에 맞는 사진을 찾아 연결해 보십시오.

볶다   찌다

썰다   다지다   씻다

삶다   굽다

Listening 듣기

TRACK 15

다음은 쌈밥을 만드는 재료와 요리법입니다. 잘 듣고 필요한 재료에 ✓하고 쌈밥 요리법의 순서에 맞게 번호를 쓰십시오.

재료
- [ ] 쌀(2컵)
- [ ] 양배추(¼개)
- [ ] 당근(1개)
- [ ] 버섯(4개)
- [ ] 호박잎(10장)
- [ ] 상추

양념된장 재료
- [ ] 오징어(반 마리)
- [ ] 된장(6큰술)
- [ ] 고추장(2큰술)
- [ ] 양파(반 개)
- [ ] 다진 마늘(1큰술)
- [ ] 다진 파(1큰술)
- [ ] 식초(1작은술)
- [ ] 설탕(1큰술)
- [ ] 간장(½큰술)
- [ ] 고춧가루(1큰술)
- [ ] 물(2큰술)
- [ ] 식용유(1큰술)

Activity 활동

음식에는 서로 잘 맞는 재료나 음식이 있습니다. 그것을 '궁합이 맞는 음식'이라고 합니다. 다음 글을 읽고 궁합이 맞는 음식이 무엇인지 <보기>에서 찾아 빈칸에 쓰십시오.

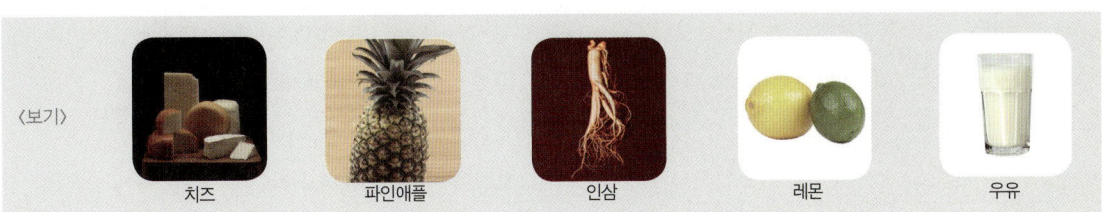

〈보기〉 치즈 파인애플 인삼 레몬 우유

(1) 스테이크와 _____ : _____은 고기를 연하게 한다. 스테이크와 _____을 같이 먹거나 스테이크를 먹고 후식으로 _____을 먹으면 소화가 잘 된다. 한국에서는 전통적으로 고기를 연하게 하기 위해서 배나 무를 고기 요리에 넣었다.

(2) 술과 _____ : 빈 속에 술을 마시면 알코올의 흡수가 빨라진다. 단백질이나 지방은 알코올의 흡수를 지연시키고 위벽에 알코올의 영향을 덜 주기 때문에 술 마시기 전에 _____를 마시면 좋다.

(3) 닭고기와 _____ : 한국에서는 한 여름에 더위를 탈 때 보양식으로 삼계탕을 먹는데 이는 닭고기와 인삼, 찹쌀, 밤, 대추 등을 넣어 끓인 것이다. 더위라는 스트레스는 몸 안에 있는 단백질과 비타민 C의 많은 소모를 가져온다. 이때 스트레스를 줄여주는 효과를 가진 _____과 고단백 음식인 닭고기로 만든 삼계탕은 _____의 약 효과와 찹쌀, 밤, 대추 등이 어울려 영양의 균형을 주는 훌륭한 보양식이 된다.

(4) 굴과 _____ : _____은 아주 신맛을 가지고 있다. 굴에 _____즙을 떨어뜨리면 우선 굴의 나쁜 냄새를 없애준다. 굴은 빈혈에 좋고 피부 미용에 효과가 있으며 식은 땀을 많이 흘리는 약한 사람에게 좋다고 한다. 굴에 단백질과 철분이 풍부하기 때문이다. _____에 함유된 비타민C가 철분의 흡수를 도와주기 때문에 굴과 _____을 같이 먹으면 좋은 것이다.

(5) 커피와 _____ : 피로할 때 커피를 마시면 정신이 맑아지는 것을 경험할 수 있을 것이다. 기름진 음식을 먹고 난 뒤에 마시는 커피 한 잔도 속을 개운하게 한다. 그러나 커피는 카페인이 많아 중독될 수 있고 빈 속에 먹으면 위에 자극을 준다. 이때 커피와 같이 먹으면 좋은 음식이 있는데 그것은 _____나 우유이다. _____는 단백질 20~30%, 지방 30% 등이 들어 있는 열량이 좋은 음식이면서 소화도 잘 된다. 또한 술을 마실 때도 _____가 위벽 등 소화기관을 보호해 주기 때문에 같이 먹으면 숙취와 악취를 예방하는 효과가 크다.

Vocabulary & Expressions 어휘와 표현

Listening Part

고추장	chilli paste	쌀 2컵	2 cups of rice
고춧가루	chilli powder	쌈	wrapping
끓이다	to boil	썰다	to chop, to mince, to dice
다지다	to grind, to mince, to chop finely 예 다진 마늘 chopped garlic	양념	flavouring, spice, seasoning 예 양념된장 flavoured soybean paste, sauce
된장	soybean paste	오징어 반 마리	1/2 squid
마늘	garlic	잘게	finely 예 잘게 썰다 to chop finely
버섯	mushroom	재료	ingredients
볶다	to sauté, to stir fry	찌다	to steam
붓다	to add, to pour 예 물을 붓는다 to add water	찜기	steam cooker
식용유	cooking oil	(一)큰술	tablespoon
식초	vinegar	호박잎	pumpkin leaves

Activity Part

개운하다	to feel refreshed	연하다	to be soft, to be tender 예 고기가 연하다 the meat is tender
고단백 음식	high-protein food	열량	calorie
굴	an oyster	영양	nutrition
균형	balance, scales	예방(-하다)	prevention (to prevent)
기름지다	to be oily, to be fatty, to be greasy	위벽	the wall of the stomach
단백질	protein	음식 궁합	well-matched foods 예 궁합이 맞는 음식 foods that go well together
대추	a jujube, a Chinese date		
보양식	health food	자극(-하다)	a stimulus (to stimulate)
빈혈	anaemia	중독(-되다)	addiction (to be addicted)
소모(-하다)	consumption (to consume) 피 소모되다 to be consumed, to be used up	지방	fat
		찹쌀	glutinous rice, sticky rice
소화기관	digestive organs	철분	iron, iron content
숙취	a hangover, the aftereffects of drinking	피부 미용	beauty facial treatment
식은 땀을 흘리다	to be in a cold sweat	함유(-하다)	containing (to contain) 피 함유되다 to be contained, to be included
악취	a bad smell, an offensive odour	흡수(-하다)	absorption (to absorb) 피 흡수되다 to be absorbed

unit 16 목과 어깨를 풀어 볼까요?

Preparation 준비

1. 여러분은 스트레칭을 해 본 적이 있습니까? 다음과 같은 상황에는 어떤 스트레칭을 하면 좋을까요? 얘기해 봅시다.

아침에 일어나서	잠 자기 전에	운동하기 전에	머리가 아플 때
일 하다가 피곤할 때	공부 끝나고 나서	비행기 안에서 몸이 뻐근할 때	

2. 다음은 동작을 가리키는 말입니다. 설명에 맞는 사진을 찾아 연결해 보십시오.

 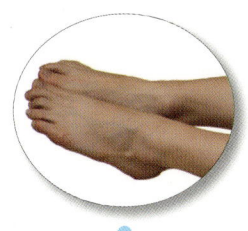 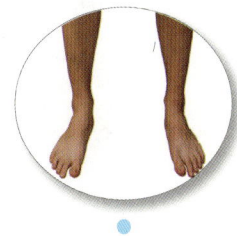

굽히다   올리다   벌리다   뻗다   숙이다   당기다

  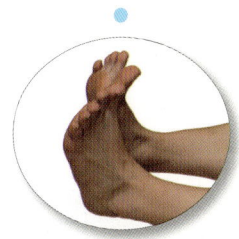

Listening 듣기

TRACK 16

다음은 몸을 풀어주는 기본 스트레칭 동작에 대한 설명입니다. 잘 듣고 각각의 묘사에 맞는 스트레칭 동작을 찾아 번호를 쓰십시오.

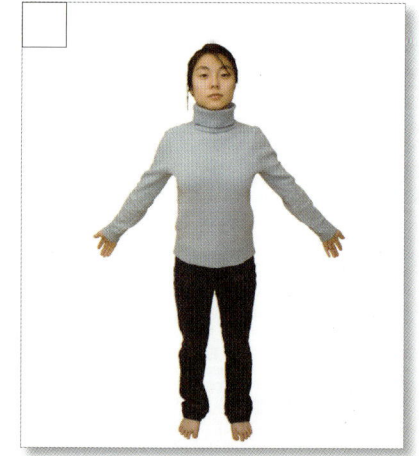

Activity 활동

다음 '건강을 위한 수칙'을 읽고 자신에게 해당하면 ○, 해당하지 않으면 ✕를 하십시오. 그리고 아래 표에 자신에게 필요한 '건강생활 수칙'을 만들어 보십시오.

〈건강을 위한 수칙〉

- [ ] 옷을 가볍게 입고 목욕을 자주 한다.
- [ ] 설탕을 적게 먹고 과일을 많이 먹는다.
- [ ] 하루에 물 6~8컵 정도 (약 2리터)를 마신다.
- [ ] 좋아하는 운동을 하루 30~45분 정도 주 3~4회 한다.
- [ ] 고기를 적게 먹고 야채를 많이 먹는다. 고기와 야채를 대략 3:7의 비율로 섭취한다.
- [ ] 웬만큼 가까운 거리는 걸어다닌다. 또 엘리베이터 대신 계단 오르기를 생활화하고 있다.
- [ ] 하루에 7~8시간의 수면을 취한다. 잠들기 전에 마음을 편히 하고 깊이 자는 게 중요하다.
- [ ] 식사는 천천히 하고 음식물은 오래 씹는다. 천천히 씹으면 소화, 흡수, 분해에 도움이 된다.
- [ ] 세 끼 식사를 균형있게 한다. (아침은 조금이라도 반드시 먹고, 저녁은 약간 줄이는 것이 좋다. 식사를 거르거나 과식하지 않는다.)
- [ ] 소금을 적게 먹고 식초를 많이 먹는다. (음식을 짜게 먹으면 고혈압 및 기타 성인병의 원인이 된다. 식초는 우수한 알카리성 식품으로 피로회복과 미용에 좋다.)

○ 표가 1~3개	평소에 건강한 생활에 별로 관심이 없군요. 알면서도 귀찮아서 안 하는 타입입니다. 이제부터라도 조금씩 노력해서 건강한 생활 습관을 가지도록 노력해 보세요.
○ 표가 4~7개	건강한 생활을 하려고 노력하는 편입니다. ✕표를 한 사항에 좀 더 집중적으로 노력해 보세요.
○ 표가 8~10개	아주 건강한 생활 습관을 가지고 있습니다. 그렇지만 너무 자만하지 마세요. 앞으로도 계속 이 습관을 유지하는 게 중요합니다.

〈나의 건강생활 수칙〉

무엇	현재	앞으로
운동		
식사/음식		
기타 생활 습관		

Vocabulary & Expressions 어휘와 표현

Listening Part

굽히다	to bend	손바닥	the palm of the hand
그대로	like that, unchanged	숙이다	to lower, to drop 예 고개를 숙이다 to lower the head
기본	a foundation, a base	숨(-을) 쉬다	to breathe
깍지를 끼다	to clasp one's hands	온몸	the whole body
내쉬다	to exhale, to breathe out	젖히다	to bend backwards, to lean backwards 예 고개를 젖히다 to bend (tilt) the head back
당기다	to pull, to draw		
닿다	to reach, to touch	제자리	the proper place, the normal position
동작	an action, a movement, a motion		
들이 마시다	to inhale, to breathe in 예 들이 쉬다	쭉	straight 예 쭉 펴다 to keep straight
등	the back	펴다	to spread, to unfold, to stretch
발끝	toe (cf) 발뒤꿈치 heel	풀다	to loosen, to unknot, to relieve 예 목을 풀다 to loosen one's neck
벌리다	to spread, to widen		
뻐근하다	to feel stiff	피로	fatigue 예 피로가 풀리다 to relieve fatigue, to ease fatigue
뻗다	to stretch out from a bent position, to stretch		

Activity Part

거르다	to omit, to skip 예 식사를 거른다 to skip a meal	수면	sleep 예 수면을 취한다 to sleep well, to get a good sleep
고혈압	high blood pressure	습관	a habit
균형	balance 예 균형있게 식사한다 to eat a balanced diet	씹다	to chew
		알카리성 식품	alkaline foodstuffs
미용	beauty treatment	우수하다	to be excellent, to be superior, to be predominant
반드시	without fail, necessarily, unavoidably		
		원인	a cause, a factor
분해	breakdown (of food)	웬만큼	to some extent
비율	ratio, percentage	자만(-하다)	self-admiration (to boast, to be conceited, to admire oneself)
생활 수칙	a formula for living, lifestyle principles		
		집중적으로	intensively, concentrated
생활화(-하다)	to incorporate into one's lifestyle	해당하다	to come under, to correspond to
섭취(-하다)	intake (to take in, to ingest, to swallow)	회복(-하다)	recovery (to recover)
		흡수(-하다)	absorption (to absorb, to assimilate)
성인병	adult diseases		

unit 17 소화가 안 돼서 왔어요.

Preparation 준비

1. 여러분은 한의원에 가 본 적이 있습니까? 어디가 아파서 갔습니까? 얘기해 봅시다.

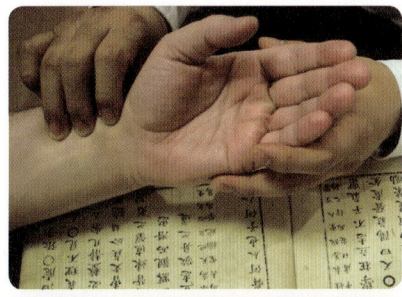
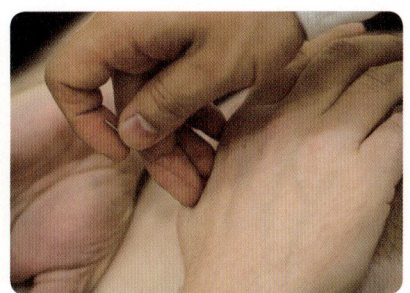

2. <보기>에서 한의원에서 볼 수 있는 치료 방법과 일반 병원에서 하는 치료 방법을 골라 빈칸에 쓰십시오.

| <보기> | 수술한다 | 침을 놓는다 | 진찰한다 | 주사를 놓는다 |
| | 한약을 달여 준다 | x-ray를 찍는다 | 진맥을 한다 | 약을 처방해 준다 |

한의원	일반 병원

Listening 듣기

TRACK 17

다음은 한의원에서 나누는 대화입니다. 잘 듣고 환자의 증상과 그에 따른 의사의 처방이 무엇인지 빈칸에 쓰거나 맞는 것에 ✓하십시오.

진료카드

우리 한의원

이름	김안나	성별	남 / 여
생년월일	1970년 8월 19일	진료 날짜	2008년 8월 9일
증상	• _____ • _____		
진단	• 윗 배가 뭉쳐 있다 • 몸의 기가 막혀 있다 　→ 증상의 원인 : _____ • 몸이 차다 (이유 : _____이 안 된다)		
처방	• 운동을 꾸준히 한다 • _____ • 소화와 기 순환을 도와주는 약을 먹는다		
약 복용법	• 식전 ☐　　　　　식후 ☐ • 1일 ___회 : 아침 ☐　점심 ☐　저녁 ☐ • ____주 후부터 1일 1회		

Activity 활동

다음 약 설명서를 읽고 아래의 내용이 맞으면 ○, 틀리면 ×하십시오.

약 설명서

- **효능·효과**
  감기의 제 증상 (콧물, 코막힘, 재채기, 목의 통증, 기침, 가래, 오한, 발열, 두통, 관절통, 근육통)의 완화

- **용법·용량**
  성인(15세 이상)·············1회 2캡셀
  7세~14세·······················1회 1캡셀
  1일 3회 식후 30분 이내에 복용하십시오.

- **복용 시 주의 사항**
  1. 다음 사람은 복용하지 말 것
     - 지금까지 이 약에 알레르기 증상을 일으킨 적이 있는 사람
  2. 다음 사람은 복용 전에 반드시 의사 약사와 상의할 것
     - 수유부, 임산부 혹은 임신할 가능성이 있는 사람
     - 의사 또는 치과 치료를 받고 있는 사람
     - 알레르기를 일으키기 쉬운 체질을 가지고 있는 사람
  3. 용법 용량을 잘 지킬 것
  4. 다른 약과는 동시에 복용하지 말 것
  5. 어린이가 복용할 경우 보호자의 감독하에 복용할 것

- **보관 및 취급상 주의 사항**
  1. 어린이 손에 닿지 않는 곳에 보관할 것
  2. 직사광선을 피하고 건조한 곳에 보관할 것

---

(1) 어른은 하루에 세 번 한 알씩 먹는다. (   )

(2) 5세 어린이는 보호자의 감독하에 복용한다. (   )

(3) 다른 약과 같이 먹으면 안 된다. (   )

(4) 햇빛이 들지 않는 곳에 보관한다. (   )

(5) 머리가 아플 때 먹는 진통제에 대한 설명이다. (   )

Vocabulary & Expressions 어휘와 표현

Listening Part

꾸준히	constantly, steadily	진단	diagnosis
단단하다	to be hard, to be solid	진맥(-하다)	feeling one's pulse (to feel one's pulse, to take a pulse)
달이다	to boil down, to infuse 예 한약을 달이다 to infuse oriental medicine	진찰(-하다)	a medical examination (to examine (a patient))
동양의학	oriental medicine	처방(-하다)	prescription (to prescribe)
뭉쳐있다	to be gathered together, to be in a lump	치료(-하다)	treatment (to treat) 예 치료 방법 treatment method
순환이 되다	to have good circulation 예 순환이 안 되다 to have poor circulation	침	a needle (for acupuncture) 예 침을 놓다 to give acupuncture, 침을 맞다 to have acupuncture
위	stomach		
일단	once	한의원	oriental medicine clinic
주사	an injection 예 주사를 놓다 to inject, 주사를 맞다 to be injected	혈액 순환	blood circulation 예 혈액 순환이 안 되다 to have poor blood circulation

Activity Part

가래	phlegm, sputum	오한	a chill
감독	supervision	용량	dose, dosage
건조하다	to be dry	용법	directions for use
관절통	arthritic pain, arthralgia	임산부	pregnant woman
근육통	muscle pain, myalgia	임신하다	to be pregnant
동시에	at the same time, simultaneously	재채기	a sneeze, sneezing
두통	a headache	주의 사항	things to note, NB, matters for attention
발열	having a fever, having a temperature	직사광선	direct sunlight
보호자	a protector, a guardian	진통제	a painkiller
복용(-하다)	taking medicine (to take medicine) 예 약 복용법 directions for taking medicine	체질	body constitution
		코막힘	a blocked nose, a nasal blockage
상의(-하다)	consultation (to consult)	통증	an ache, a pain
설명서	a written explanation, an explanatory note, written instructions	햇빛이 들다	to be in sunlight 예 햇빛이 드는 곳 place that is in sunlight
		효과	an effect, a result
수유부	breast feeding woman	효능	effects, benefits

unit 18 문상 가 본 적이 있어요?

Preparation 준비

1. 여러분은 누군가 돌아가셨을 때 문상 가 본 적이 있습니까? 어떻게 합니까? 얘기해 봅시다.

2. 누가 돌아가셨을 때 여러분 나라에서는 무엇을 합니까? 다음 중에서 골라 보십시오.

☐ 매장한다 ☐ 조의금을 준비한다 ☐ 장례식에 참석한다

☐ 꽃을 준비한다 ☐ 카드로 위로의 말을 전한다 ☐ 까만 옷을 입어야 한다

☐ 화장한다 ☐ 손님들에게 음식 대접을 한다

 Listening 듣기

TRACK 18

다음은 마크가 수진과 문상을 다녀 온 후 쓴 일기입니다. 마크와 수진의 대화를 듣고 내용에 맞게 빈칸에 쓰십시오.

11월 21일

　민석 씨 _____께서 돌아가셔서 수진 씨와 같이 문상을 갔다. 수진 씨 설명에 의하면 문상은 돌아가신 분에게 조의를 표하는 것이라고 한다. 돌아가신 후 _____째 되는 날에 하는 장례식 날 전까지 보통 문상을 간다고 한다. 문상 가는 것이 처음이라서 많이 긴장됐지만 수진 씨가 잘 설명해 주고 도와줘서 좋은 경험을 하게 되었다.

　문상을 가 보니까 돌아가신 분의 친구들도 많이 오시고 민석 씨의 회사 동료들도 찾아 왔다. 우리는 저녁 늦게까지 손님들에게 _____하는 일을 도왔다. 한국에서는 문상 온 손님들이 돌아가신 분을 생각하면서 음식도 먹고 서로 이야기를 나누는 전통이 있다고 한다.

　문상 갈 때는 _____색 양복을 입어야 하는데 없어서 그냥 까만색 셔츠를 입고 갔다. 거기에 도착해서 먼저 _____을 내고 수진 씨를 따라서 돌아가신 분 사진 앞에 절을 _____번 했고 가족들한테도 절을 했다.

　내일이 장례식이다. 민석 씨가 형제가 없어서 아버지와 친구처럼 지냈기 때문에 더욱 슬퍼하는 것 같다. 내일 장례식에도 수진 씨와 같이 참석하기로 했다.

Activity 활동

<보기>에 나오는 특별한 날이나 행사를 위해서 카드를 쓰려고 합니다. 다음 인사글을 읽고 어떤 때에 쓰는 건지 <보기>에서 찾아 쓰십시오.

<보기>	돌	설	개업	결혼	생일	승진	이사
	입학	조문	졸업	출산	병문안	어버이 날	

(1) 순산을 축하하며 산모의 건강을 기원합니다. _____

(2) 생신을 진심으로 축하하며 건강과 행복을 기원합니다. _____

(3) 편찮으시다고 들었습니다. 하루 빨리 건강을 되찾으시기 바랍니다. _____

(4) 결혼을 축하하며 두 분의 앞날에 행복이 함께 하기를 바랍니다. _____

(5) 새집 마련을 축하하며 가정의 건강과 행복을 기원합니다. _____

(6) 아기의 첫 돌을 축하하며 더욱 건강하게 자라길 기원합니다. _____

(7) 승진을 축하하며 앞으로도 모든 일이 뜻대로 되기를 바랍니다. _____

(8) 개업을 축하하며 사업이 번창하시기를 기원합니다. _____

(9) 부모님의 은혜에 감사드리며 항상 건강하시기 바랍니다. _____

(10) 입학을 축하하며 뜻 깊은 학창 생활이 되기 바랍니다. _____

(11) 졸업을 진심으로 축하하며 앞날에 행운이 있기를 기원합니다. _____

(12) 새해 복 많이 받으시고 소원 성취하시기 바랍니다. _____

(13) 큰 슬픔을 위로하오며 삼가 고인의 명복을 빕니다. _____

Vocabulary & Expressions 어휘와 표현

Listening Part

긴장되다	to become tense, to become nervous 긴장하다 to be tense, to be nervous	음식 대접하다	to offer food
돌아가다	to die, to pass away	입원하다	to go into hospitacl, to be admitted to the hospital
매장(-하다)	burying underground (to bury)	장례식	funeral service
문상 가다	to pay a call of condolence	절(-하다)	a bow (to bow)
설명(-하다)	explanation (to explain)	조의금	condolence money, sympathy money
숙이다	to lower one's head, to bow 예 머리를 숙이다 to bow one's head	조의를 표하다	to express sympathy
위로(-하다)	solace, consolation, sympathy (to console), to comfort (someone) 예 위로의 말을 전하다 to convey words of sympathy	참석(-하다)	attendance (to attend)
		형제	brothers and sisters, siblings
		화장(-하다)	cremation (to cremate)

Activity Part

가정	home, family, household	설	Lunar New Year's Day
개업(-하다)	opening business (to open a business, to start a business)	소원 성취(-하다)	having one's wish granted (to have one's wish granted, to have one's desire fulfilled)
고인	the deceased	순산(-하다)	an easy birth, an easy delivery (to have an easy delivery)
기원하다	to pray		
되찾다	to regain, to recover, to restore, to retrieve	승진(-하다)	promotion, advancement (to be promoted)
돌	first birthday	앞날에	in the days ahead, in the future
뜻 깊다	to be significant 예 뜻 깊은 날 a significant day	어버이 날	Parents' Day
		은혜	a debt of gratitude 예 부모님의 은혜 a debt of gratitude to one's parents
뜻대로	one's own way, exactly as intended		
마련하다	to prepare, to provide	조문	a call of condolence
명복을 빌다	to pray for the happiness of the deceased	진심으로	sincerely
		출산(-하다)	childbirth (give birth to)
번창(-하다)	prosperity (to be prosperous, to flourish, to be successful)	편찮다	to be ill, to be uncomfortable
병문안	visiting a patient	하루 빨리	one day sooner
산모	a woman who has given birth	학창 생활	school life
삼가	respectfully, reverently, humbly	행운	good luck, good fortune

unit 19 | 음주 문화에 대해서 토론해 보겠습니다.

Preparation 준비

1. 다음은 토론을 할 때 유용한 표현들입니다. 상대방의 의견에 찬성하는 표현에는 '**찬**', 반대하는 의견에는 '**반**'이라고 쓰십시오.

( ) 저도 동감입니다. ( ) 저는 다른 생각입니다.

( ) 저도 동의합니다. ( ) 저도 그렇게 생각합니다.

( ) 일리가 있는 말씀입니다. ( ) 저도 그 의견에 찬성합니다.

( ) 저는 그 의견에 동의하지 않습니다. ( ) 저는 그 의견에 전적으로 동의합니다.

( ) 저는 그 의견은 받아들이기 어렵습니다. ( ) 그 주장은 전혀 타당성이 없다고 생각합니다.

2. 여러분은 술을 좋아합니까? 술을 마신 경험에 대해 얘기해 보십시오. 술이 우리 생활에 주는 장점과 단점을 생각해 봅시다.

Listening 듣기

TRACK 19

다음 토론을 듣고 남자와 여자 중에서 누구의 의견인지 쓰고 토론 내용에 맞게 빈칸을 채우십시오.

토론 주제: 한국의 음주 문화 이대로 좋은가

음주의 장단점

_____의 의견 — 음주의 긍정적인 면
- _____ → 정신 건강에 도움
- 하기 어려운 이야기를 자연스럽게 하게 해 줌 → 인간관계에 도움

_____의 의견 — 음주의 부정적인 면
- 스트레스 원인을 해결하지 않고 술에 의존하는 것
  → 여러 가지 _____를 가져 온다.

문제점

- _____
- 술 취한 사람에게 술을 더 권하지 않는다.

- _____
- 사회적 범죄와 밀접한 관계

개선 방안

- _____
- 술 취한 사람에게 술을 더 권하지 않는다.

- 술에 대한 사회적 인식의 변화 필요
  → _____로 바꾼다.

결론: 술을 마시느냐 마느냐보다 _____가 건전한 음주 문화를 만든다.

Activity 활동

다음 만화에서 아빠의 음주에 대해서 1번과 2번의 아이의 대응 방식이 다릅니다. 그 차이점을 얘기해 봅시다. 또 여러분이라면 이런 경우에 어떻게 할지 얘기해 봅시다.

〈출처: 한겨레 신문 비빔툰〉

Vocabulary & Expressions 어휘와 표현

Listening Part

(-)꼴로	per	신경 정신과	neuropsychiatry
가정 폭력	domestic violence	역할	a role
객관적이다	to be objective 예) 객관적인 의견 an objective opinion	올바르다	to be straight, to be upright, to be honest, to be proper
건전하다	to be healthy, to be sound 예) 건전한 생각 sound thinking	의지하다	to lean on, to depend on
권하다	to urge, to exhort, to encourage	인간관계	human relations, interpersonal relations
근본적으로	fundamentally	일리가 있다	to have some reason, to have some truth in
동감이다	to be of the same opinion, to feel the same way about	일반화되다	to become popularised
동의하다	to agree	전문의	a medical specialist
밀접하다	to be close 예) 밀접한 관계 close relations (with)	접대	welcome, reception, hospitality
반대(-하다)	opposition (to oppose, to be against)	정신 건강	mental health
발생하다	to happen, to occur	지적하다	to point out, to indicate
방안	a plan, a programme, a scheme	찬성(-하다)	approval, support (to approve of, to be in favour of)
사회자	the presenter	통계	statistics
사회적 인식	social awareness	폭음	intemperance, excessive drinking
삼가다	to restrain oneself, to refrain from	폭행	act of violence
상당하다	to be considerable	해결하다	to resolve
성범죄	sexual crime	회식	dining together (at work)
스트레스를 해소하다	to relieve stress 유) 스트레스를 풀다 반) 스트레스를 받다 to be stressed out		

Activity Part

감당하다	to be capable of carrying out, to be up to doing, to cope with	보험	insurance
만일	if, if by chance 유) 만약	차이점	a point of difference
만화	a cartoon, animation		
방식	a formula, a method, a system		

unit 20 뉴스를 들어 봅시다.

Preparation 준비

1. 다음은 어떤 사건에 대한 사진일까요? 얘기해 봅시다.

2. 다음은 사건 사고에 많이 나오는 단어나 표현입니다. 뜻이 같은 것을 찾아 연결하십시오.

(1) 다치다 • • ㉮ 사망

(2) 부딪치다 • • ㉯ 침수

(3) 물에 잠기다 • • ㉰ 부상 당하다

(4) 전기가 나가다 • • ㉱ 충돌하다

(5) 사람이 죽다 / 숨지다 • • ㉲ 정전

(6) 가볍게 다치다 • • ㉳ 두절되다

(7) 심하게 다치다 • • ㉴ 금연

(8) (연락 또는 교통이) 끊기다 • • ㉵ 중상을 입다

(9) 지구의 온도가 올라가는 현상 • • ㉶ 경상을 입다

(10) 담배를 피우는 것을 금지한다 • • ㉷ 지구 온난화

Listening 듣기

TRACK 20

다음 뉴스를 듣고 빈칸에 알맞은 말을 쓰십시오.

1 조사 내용 : 한국에 대한 이미지 설문 조사
   조사 대상 : _____

   (1) '한국'하면 떠오르는 이미지는?

   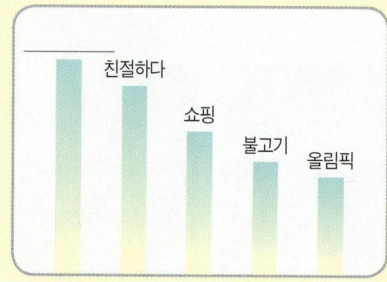

   (2) 한국 방문 동기는?

   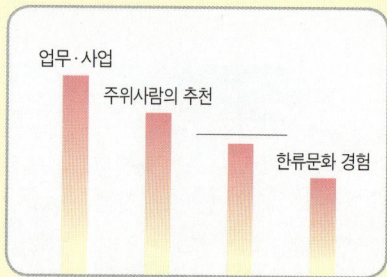

   〉〉 만족스러운 것
   1. 출입국 절차
   2. 음식
   3. _____

   〉〉 불만족스러운 것
   1. 관광 정보
   2. 관광 비용
   3. _____

2 서울 시내 _____ 구역을 늘리기로

   앞으로는 서울 시내 모든 _____에서 담배를 피울 수 없게 된다. 최근 금연 정류장에 대해 시민 반응을 조사한 결과 서울 시민의 _____%가 이에 찬성한다고 대답했다. 서울시는 또한 가족 단위의 방문객이 많은 가족공원과 _____ 등의 공공장소에서의 금연을 순차적으로 추진하기로 했다.

3 건강한 _____를 위한 프로그램 운영

   한 지방자치단체가 대학과 함께 6,70대 노인들의 건강한 생활을 돕기 위해 노인 교육 프로그램을 운영한다. 이 프로그램은 _____ 운동 요법을 시작으로 신체의 건강뿐 아니라 노인 심리, _____ 등 정신 건강을 위한 프로그램도 같이 운영해 큰 호응을 얻고 있다.

Activity 활동

다음 기사를 읽고 내용에 맞는 제목을 찾아 빈칸에 쓰십시오.

> 〈보기〉
> - 태풍 나리 한반도 강타
> - 빗길 4중 추돌, 1명 숨져
> - '지구를 살리자' 캠페인
> - 북쪽 친구들에게 영양제·비타민 보내주세요

_____

환경운동연합과 녹색재단은 오늘 서울시청 앞 광장에서 '지구를 살리자'라는 주제로 온실 가스 배출의 위험성을 알리는 캠페인을 열었다. 오늘 행사에서 환경단체들은 재생 가능 에너지 사용을 촉구하는 뜻으로 시청 앞 광장에 '지구를 살리자'라는 글자를 태양광 전지판으로 설치하는 등 다양한 지구 온난화 체험 프로그램을 진행했다. 오늘 행사는 호주 시드니를 시작으로 런던과 뉴욕 등 전 세계 7개 대륙 주요 도시에서도 '라이브 어스(Live Earth)' 콘서트라는 이름으로 계속될 예정이다.

_____

16일 강풍과 최고 500㎜에 가까운 물폭탄을 동반한 제11회 태풍 '나리'가 제주도를 강타해 연륙 교통이 두절되고, 11척의 선박이 침몰하거나 좌초됐다. 또한 곳곳에서 정전 사고가 발생하는가 하면 주택과 도로가 물에 잠기고, 하천이 범람해 인근 주민들에게 대피령이 내려지는 등 피해가 속출했다. 이 때문에 제주 도착 1편과 출발 6편을 제외한 제주 노선을 잇는 160편의 항공기가 모두 결항됐고, 제주 기점 6개 여객선 항로가 전면 통제되는 등 연륙 교통이 완전 두절돼 2만 명이 넘는 주민과 관광객들이 큰 불편을 겪었다.

_____

오늘 오후 6시 30분쯤 경주시 중앙동 앞 도로에서 35살 김 모 씨가 몰던 5톤짜리 트럭이 1.5톤 포터와 충돌한 뒤 뒤따르던 소나타 승용차와 이스타나 승합차와도 잇따라 부딪쳤다.

이 사고로 포터에 타고 있던 70살 박 모 씨가 숨지고, 같은 차 운전자 53살 정 모 씨 등 3명이 중경상을 입어 인근 병원으로 옮겨져 치료를 받고 있다. 경찰은 빗길 교통사고로 보고 정확한 사고 경위와 원인을 조사하고 있다.

_____

유치원생들이 북한 친구를 돕겠다며 바자회를 열어 수익금 전액을 국제민간단체에 기부했다. 서울 노원구에 위치한 한별유치원 원생들은 13일 북한의 친구에게 전해 달라며 '사랑의 바자'를 연 뒤, 수익금 31만 8500원을 국제의료 비정부기구(NGO) 단체인 나눔복지재단에 기탁했다.

복지재단 관계자는 16일 "유치원생들의 정성은 북한 어린이와 임산부를 위한 영양제 공급 프로젝트 캠페인에 사용된다"며 "한별유치원생들은 지난해에도 북한 친구들을 위해 187만 원을 모아 보냈다"고 밝혔다.

Vocabulary & Expressions 어휘와 표현

Listening Part

고령화 사회	aging society
꼽다	to rank among, to be reckoned among
노후	one's old age, one's declining years
단속(-하다)	control, regulation (to control, to regulate)
대상(-으로)	the object, the subject, the target (as an object/subject/target)
두절되다	to be stopped, to be interrupted, to be blocked
부상 당하다	to be injured, to suffer an injury
사망(-하다)	death (to die) ㈜ 죽다, 숨지다 to die, to breathe one's last
설문 조사	a questionnaire, a survey
순차적으로	in sequence, in order, successively
시범	setting an example, a model for others
실시(-하다)	implementation (to implement)
심리	psychology
운동 요법	exercise therapy, ways to exercise
적용(-하다)	application (to apply)
지방 자치 단체	local authority
지정(-하다)	designation (to designate, to appoint, to specify)
추가(-하다)	adding, addition (to add)
출입국 절차	immigration and emigration procedure
치매	dementia
침수	inundation, flood, submersion
호응을 얻다	to get agreement, to get a positive response

Activity Part

강타(-하다)	a heavy blow (to deal a heavy blow, to hit hard)
결항하다	to cancel a flight
기탁하다	to deposit, to entrust
대피령	evacuation instructions
범람하다	to overflow, to flood
사고 경위	circumstances of an accident, particulars of an accident
속출하다	to appear in succession, to occur in succession
수익금	earnings
연륙 교통	transport link to the mainland
재생 가능 에너지	renewable energy
전면	the whole, entire
정전(-되다)	power cut (to have a power cut)
좌초되다	to be stranded, to run aground
중경상을 입다	to suffer serious and slight injuries
지구 온난화	global warming
촉구하다	to urge
침몰하다	to sink, to go down, to be submerged
태양광 전지판	solar panel
통제되다	to be controlled, to be regulated
하천	rivers
항로	an airline route

Appendix

듣기 대본 Listening Scripts
정답 Answers
색인 Index

듣기 대본 Listening Scripts

Unit 01. 안내 말씀 드리겠습니다.

1. 안내 말씀 드리겠습니다. 2시 10분에 동대구로 가는 KTX 열차가 곧 출발하겠습니다. 열차를 이용하실 승객께서는 7번 승강장에서 승차해 주시기 바랍니다.

2. 안내 말씀 드리겠습니다. 2시에 서울을 출발하여 대전, 동대구, 부산으로 가는 KTX 열차는 아직 승강장에 도착하지 않았습니다. 고객 여러분께서는 이 점 양해하셔서 2번 승강장에서 잠시만 기다려 주시기 바랍니다. 열차 이용에 불편을 드려 대단히 죄송합니다.

3. 안내 말씀 드리겠습니다. 2시 15분에 천안으로 가는 무궁화호 열차가 잠시 후 4번 승강장으로 들어오겠습니다. 승객 여러분께서는 선로에 가까이 계시면 매우 위험하오니 안전선 뒤쪽으로 한걸음 물러나 주시기 바랍니다.

4. 승차권 구입에 대한 안내 말씀 드리겠습니다. 현재 우리 역 매표 창구는 매우 혼잡합니다. 신용카드로 승차권을 예약하시거나 승차권을 구입하시는 고객께서는 자동발매기를 이용하시면 보다 유익하고 신속하게 승차권을 구입할 수 있으니 자동발매기를 많이 이용해 주시기 바랍니다.

5. 안내 말씀 드리겠습니다. 2시 30분에 부산으로 가는 새마을호 열차표 확인을 시작하겠습니다. 열차를 이용하실 승객께서는 5번 승강장으로 가시기 바랍니다.

1. This is an announcement. The 1410 hours KTX train for Dongdaegu will depart soon. Would passengers for this train please board at platform number 7?

2. This is an announcement. The 1400 hours KTX train from Seoul that calls at Daejeon, Dongdaegu, and Busan has not yet arrived at the platform. We ask passengers for their understanding. Please wait a few moments on platform number 2. We are sorry for the inconvenience to your journey.

3. This is an announcement. The 1415 hours Mugunghwa train for Cheonan will soon arrive at platform number 4. It is very dangerous for passengers to stand near the track. Please stand a step behind the safety line.

4. This is an announcement about purchasing tickets. Our ticket office is currently very congested. Passengers booking or buying tickets by credit card can buy them using the automatic ticket vending machines. Please use the ticket machines.

5. This is an announcement. We shall commence ticket inspection for the 1430 hours Saemaeul train to Busan. Passengers for this train please go to platform number 5.

Unit 02. 휴가를 어디로 갈까요?

진호: 휴가철 다 됐는데 휴가 계획 짜야 하지 않을까? 이번에는 해외로 가는 게 어때?

미나: 해외로? 음, 좀 힘들 것 같은데. 요즘 회사 일이 정신 없이 바빠서 휴가를 길게 내기가 쉽지 않아. 주말 포함해서 한 3박 4일 정도 갈 수 있을걸?

진호: 그래? 그럼 할 수 없지. 국내로 가면 어디가 좋을까. 난 등산을 했으면 좋겠는데.

미나: 등산? 여름인데 바다에 가야지.

진호: 음, 그럼 남해가 어때? 바다도 있고 산도 있는데.

미나: 남해? 내 수첩에 지도 있는데 지금 한번 찾아 보자. (잠시 후) 아, 여기 있다. 어, 통영도 가깝네. 거기 유적지가 많다던데.

진호: 아, 통영. 나도 들었어. 거기 이순신 장군 유적지가 있대. 한 번 가 보고 싶었는데. 그럼, 통영 들러서 이순신 장군 유적지를 보고 그 다음에 남해로 가자. 하루는 등산하고 그 다음날은 해수욕장에 가고.

미나: 좋아. 그런데 뭘 타고 가지? 가까운 데 공항이 있으니까 비행기로 갈까?

진호: 비행기는 불편할 텐데. 거기 도착해서 또 버스나 택시를 타야 되거든. 그냥 자동차로 가자. 내가 운전할게.

미나: 알았어. 음, 장소하고 교통편은 정해졌고. 숙박은 어디서 하지?

진호: 글쎄. 호텔? 콘도? 아니면 민박은 어때?

미나: 그냥 편하게 호텔에서 묵자. 내가 예약해 볼게. 출발은 7월 말이 좋은데. 음, 23일 금요일부터 4일간 어때?

진호: 좋아, 그때 괜찮아.

Jinho: It will be the holiday season soon so shouldn't we make our holiday plans? How about going abroad this time?

Mina: Abroad? Um, I think that would be a bit difficult for me. These days it is madly busy at work so it would not be easy for me to get a long holiday. Can we go somewhere for about 3 nights and 4 days, including a weekend?

Jinho: Really? It can't be helped then. If we stay in the country where would be a nice place to go? I'd like to go hiking.

Mina: Hiking? It's summer so we should go to the seaside.

Jinho: Um. Then how about Namhae? Namhae has both sea and mountains.

Mina: Namhae? There is a map in my diary so let's have a look now. (Pause) Ah, here it is. Yes. Oh, Tongyeong is also nearby. I have heard there are a lot of historic remains there.

Jinho: Ah, Tongyeong. I've heard of it too. There is a site there with some historic remains connected with General Yi Sun Sin. I'd like to go there. So let's go to Namhae after first visiting Tongyeong and seeing the site of the remains connected with General Yi Sun Sin. One day we can go hiking and the next day we can go to the beach.

Mina: Good. So how shall we get there? There is an airport nearby so shall we go by air?

Jinho: Going by air would be inconvenient. After arriving there we'd have to get a bus or a taxi. Let's just go by car. I'll drive.

Mina: Okay. Um, we have decided the place and the transport. Where shall we stay?

Jinho: Well, a hotel? A condominium (holiday flat)? Or what about a private guest house?

Mina: Let's just stay at a hotel for convenience. I'll try to make a reservation. It would be good if we could depart at the end of July. Um, how about 4 days from Friday 23rd?

Jinho: Good. That timing is okay.

Unit 03. 운동을 시작할까 해서요.

직원: 여보세요. 목동 스포츠 센터입니다.
남자: 저어, 운동을 좀 시작할까 해서 전화했는데요. 우선, 헬스를 하려면 어떻게 하면 되지요?
직원: 네, 헬스는 회원으로 등록하시면 편한 시간에 와서 하실 수 있는데요. 회원님의 목적에 맞게 강사 선생님이 운동기구와 사용법을 지도해 드립니다.
남자: 아, 그래요? 다른 운동은 또 뭐 할 수 있지요?
직원: 수영하고 에어로빅 그리고 스쿼시가 있는데요. 수영은 강습을 받으시려면 별도로 요금을 내셔야 합니다.
남자: 에어로빅은 보통 여자들이 많이 하는 거 아닌가요?
직원: 네, 그렇긴 하지만 요즘은 남자분들도 많이 합니다.
남자: 그렇군요. 그럼, 스쿼시는 아무 때나 할 수 있나요?
직원: 네, 센터 여는 시간에 오시면 하실 수 있습니다. 시설도 좋고 짧은 시간에 쉽게 배울 수 있는 운동이라 이용하시는 분들이 점점 늘고 있습니다.
남자: 센터는 몇 시부터 몇 시까지 엽니까?
직원: 주중에는 오전 6시부터 오후 11시까지 이용하실 수 있고요. 주말에는 오전 6시부터 오후 9시까지 엽니다.
남자: 회비는 어떻게 되지요?
직원: 회비는 한 달에 10만 원인데요. 첫 달에는 입회비가 5만 원 있습니다.
남자: 가입하면 바로 이용할 수 있는 건가요?
직원: 네, 가입 신청서 작성하셔서 회비와 함께 내시면 회원 카드를 발급해 드립니다. 카드 받으시면 바로 시설을 이용하실 수 있습니다.
남자: 네, 알겠습니다. 이번 주말쯤 들르겠습니다. 혹시 셔틀 버스도 있나요?
직원: 셔틀 버스는 아직 없습니다. 대신 지하철역에서 가까우니까 지하철을 이용하시면 됩니다
남자: 네, 알겠습니다. 감사합니다.

Staff: Hello. This is Mokdong Sports Centre.
Man: I'm calling about starting to do some exercise. Mainly I want to use the gym, so how would I go about that?
Staff: If you enrol as a gym member you can come at anytime and use it. An instructor will give you guidance on the exercise equipment that suits your goals and on how to use it.
Man: Ah, I see. What other kinds of exercise would I be able to do?
Staff: We have swimming, aerobics and squash. If you want to have swimming lessons you have to pay separately.
Man: I see. Um, it's more women who do aerobics, isn't it?
Staff: Yes, it is, but these days many men are also doing aerobics.
Man: Oh, is that so? Then can I play squash at any time?
Staff: Yes, you can if you come at any time that the centre is open. The facilities are good and it is a form of exercise you can learn within a short time. The number of people playing it is gradually increasing.
Man: What are the opening times of the centre?
Staff: On weekdays you can use it from 6 am to 11 pm. At weekends we open from 6 am to 9 pm.
Man: What is the membership fee?
Staff: The membership fee is 100,000 won per month. The joining fee in the first month is 50,000 won.
Man: Can I start using it straight after joining?
Staff: Yes. We issue your membership card after you have completed the application form and submitted it with the membership fee. You can use the facilities as soon as you have received your card.
Man: I see. I'll call in this weekend. Is there a shuttle bus, by any chance?
Staff: There isn't a shuttle bus yet. We are near the Underground station so you can use the Underground instead.
Man: I see. Thank you.

Unit 04. 공연 보러 갈래요?

수진: 요즘 좋은 공연이 많던데 같이 보러 갈래요?
마크: 무슨 공연이 있어요?
수진: 여기 공연 일정표를 보니까 라이온 킹하고 춘향전을 하네요. 라이온 킹은 매일 저녁 하는데 아, 월요일은 빼고요.

마크: 라이온 킹은 벌써 봤는데……. 춘향전은 무슨 공연이에요?
수진: 옛날 조선 시대의 유명한 판소리인데 이번에는 뮤지컬로 한대요. 이건 6월 17일까지만 하네요.
마크: 그런데 옛날 이야기이면 좀 알아듣기 어렵지 않을까요?
수진: 그럼, 한국 전통 민속 공연은 어때요? '한국의 집'에서 하는 게 있는데 저녁 식사하면서 공연을 볼 수 있대요.
마크: 거긴 지난 번에 가 본 적 있어요.
수진: 다른 데서 하는 전통 춤 공연도 있어요. 민속 박물관에서 하는데 무료예요.
마크: 무료요? 그거 좋겠는데요.
수진: 하하, 마크 씨는 공짜를 너무 좋아해요.
마크: 놀리지 마세요. 농담이에요. 다른 공연은 또 뭐가 있어요?
수진: 클래식 콘서트 하는 데도 있어요. 아ー, '오페라의 밤'이 예술의 전당에서 있네요.
마크: 다 보고 싶긴 하지만 아무래도 이번에는 한국적인 공연을 보는 게 좋겠어요. 음, 그냥 뮤지컬 춘향전을 볼까요? 조금 어렵겠지만 한번 보고 싶어요.
수진: 이번 주까지 하니까 표가 있는지 빨리 알아봐야겠어요.
마크: 금요일이나 토요일 거로 알아봐 줄래요?
수진: 그래요. 가격은 6만 원하고 9만 원이 있는데 아무거나 괜찮죠?
마크: 네, 괜찮아요.

Sujin: I hear there are some good performances these days so shall we go to see one?
Mark: What kind of performances are there?
Sujin: According to this performance schedule, they are doing *Lion King* and *Chunhyangjeon*. They are doing *Lion King* every evening. Oh, except Mondays.
Mark: I've already seen *Lion King*. What kind of performance is *Chunhyangjeon*?
Sujin: It is a famous Pansori from the ancient Joseon Era. They are doing it as a musical this time, I hear. It is only on till 17 June.
Mark: Won't it be a bit difficult to understand if it's an ancient story?
Sujin: Yes. What about a traditional Korean folk performance? I hear they are doing one at Korea House and you can have dinner while watching it.
Mark: I have been there before.
Sujin: At a different place there is a performance of traditional dancing. They are doing it at the Folk Museum and it's free.
Mark: Free? That's good.
Sujin: Ha ha. Mark, you love things that are free.
Mark: Don't make fun of me. It's a joke. What other performances are there?
Sujin: There are classical music concerts as well. Ah, there is *A Night at the Opera* at the Seoul Arts Centre.
Mark: I'd like to see them all but anyway I think that this time a Korean-style performance would be good. Um, shall we just go for the *Chunhyangjeon* musical? It could be a bit difficult to follow but I want to see it.
Sujin: It is only on till this week so I'll hurry and check whether there are any tickets.
Mark: Would you check for Friday or Saturday, please?
Sujin: Yes. The prices are 60,000 and 90,000 won, so either one is okay, isn't it?
Mark: Yes, it's okay.

Unit 05. 시내 관광을 해 볼까요?

안녕하십니까? 오늘도 저희 서울 관광버스를 찾아 주신 손님 여러분께 진심으로 감사 드립니다. 저는 이 버스의 안내를 맡고 있는 관광 안내원 김은정입니다. 이 버스는 잠시 후 이 곳 광화문을 출발하여 남대문 시장, 국립 중앙 박물관, 남산, 경복궁을 거쳐 출발점인 이 곳으로 다시 돌아오게 됩니다. 약 1시간 30분 정도의 시간이 소요될 텐데요. 특별히 구경하고 싶은 곳이 있는 손님께서는 버스에서 내려서 구경하신 후 다음 버스를 이용하실 수 있습니다. 그럼, 오늘 들르게 되는 서울의 명소에 대해 간단히 소개해 드리겠습니다.

처음 들르는 곳은 남대문 시장입니다. 남대문 시장은 15세기에 만들어진 이후로 오랫동안 서울의 중심 시장 역할을 해 왔습니다. 특히 저렴하고 품질 좋은 의류제품이 유명하며 외국 손님들이 쇼핑을 위해 한 번은 꼭 들르는 곳입니다.

다음은 국립중앙박물관입니다. 국립중앙박물관은 한국의 역사와 문화를 한눈에 볼 수 있는 곳으로 선사 시대부터 현대까지의 유물, 예술품 등을 전시하고 있습니다.

세 번째로 들르실 곳은 남산입니다. 저기 앞쪽에 보이는 저 산이 바로 남산인데요. 시민들의 산책로 겸 운동 장소 그리고 공원으로 오랫동안 사랑 받아 오고 있습니다. 남산에 오르면 서울 시내를 한 눈에 보실 수 있는데 특히 야경이 아름답습니다.

마지막으로 경복궁인데요. 경복궁은 14세기 조선 시대에 지어진 궁전으로 조선 500년 왕조의 중심지가 되었던 곳입니다. 공식적인 국가 행사가 이루어졌던 근정전과 연회를 베풀었던 경회루 등 당시의 대표적인 건축물들을 보실 수 있습니다.

여러분 앞에 놓여 있는 안내책자를 보시면 더욱 자세한 설명이 나와 있습니다. 이밖에 궁금한 점이 있으시면 언제든지 물어보십시오. 그럼 즐거운 여행이 되시기 바랍니다. 감사합니다.

Hello. Ladies and gentlemen, thank you very much for choosing our Seoul sightseeing bus today. I am tourist guide Kim Eunjeong. I am your guide on this bus today. The bus will soon leave Gwanghwamun and go to Namdaemun Market, the National Central Museum, Namsan and Gyeongbok Palace before returning here. It will take around 1 hour and 30 minutes. Customers who want to look around particular places can leave the bus and after looking around, get on the next bus. Now I shall briefly talk about the famous landmarks in

Seoul that we shall be visiting today.

The first place we visit is Namdaemun Market. Namdaemun Market has long acted as Seoul's central market since it was established in the 15th century. It is particularly famous for inexpensive, good quality items of clothing and it is a place that foreign visitors should be sure to visit for shopping.

Next is the National Central Museum. The National Central Museum exhibits artefacts and works of art from prehistoric to modern times and is a place where you can see Korea's history and culture at a glance.

The third place we visit is Namsan. That mountain that you can see over there ahead of the bus is Namsan. It has long been loved as a route for walks, a place for exercise and as a park for the people. If you climb Namsan you can see the whole of Seoul and the night view is especially beautiful.

Last is Gyeongbok Palace. Gyeongbok Palace was built in the 14th century Joseon Era and was the royal centre for the 500 years of Joseon. You can see typical buildings of that era such as Geunjeonjeon where official state ceremonies were held and Gyeonghweru, a pavilion where banquets were held.

There is more detailed information in the guide book placed in front of you. If you have any further questions please ask at any time. I hope you enjoy your trip. Thank you.

Unit 06. 차 좀 빌리려고 하는데요.

직원: 어서 오십시오.

폴(고객): 차 좀 빌리려고 하는데요.

직원: 예약하셨나요?

폴: 아니요. 안 했는데요.

직원: 언제부터 언제까지 필요하시죠?

폴: 오늘부터 17일까지 5일간이요.

직원: 어떤 차를 찾으십니까?

폴: 네 명 탈 건데요. 소형차나 중형차가 좋을 것 같아요.

직원: 우선 소형차로 대우 마티즈가 있는데요. 대여 요금은 하루에 57,000원입니다. 차가 좀 작지만 경제적이죠. 고속도로 통행료도 싸고 주차 요금도 할인됩니다.

폴: 아, 그래요? 그런데 네 명이 타기에 좀 불편할 것 같은데요. 조금 더 큰 차는 없어요?

직원: 삼성 SM5가 있는데 이건 중형차예요. 소형차보다는 승차감이 훨씬 좋지요. 하루에 8만 원이고요.

폴: 음……. 괜찮을 거 같긴 한데…….

직원: SUV 산타페는 어떠세요? 시골길이나 산길 갈 때도 아주 좋은데…….

폴: 저……. 그냥 삼성 차로 할게요.

직원: 그렇게 하세요. 국제 운전면허증 하고 여권은 갖고 계시죠? 여기 계약서 작성해 주시고요. 결제는 신용카드로 하셔야 합니다.

폴: 네, 여기 있습니다. 아, 참. 네비게이터도 빌려 주세요.

직원: 저, 네비게이터는 따로 돈을 내셔야 하는데요. 5일에 만 원입니다.

폴: 네, 알겠습니다. 빌려 주세요……. 보험은요?

직원: 보험은 요금에 다 포함되어 있습니다. 그런데 차 반납은 어디서 하실 건가요? 다른 곳에서 하실 경우에 별도의 요금이 있는데요.

폴: 여기로 와서 반납할게요.

Woman (Staff): Welcome. Come in.

Paul (client): I'd like to hire a car.

Staff: Have you made a booking?

Paul: No, I haven't.

Staff: When do you need it and for how long?

Paul: For 5 days from today till 17th.

Staff: What kind of car are you looking for?

Paul: One that takes 4 people. I think a small or medium-sized car will do.

Staff: First, we have the Daewoo Matiz, a small car. The hire charge is 57,000 won per day. The car is a little small but it is economical. Motorway tolls are also cheap and there is a discount for car parking charges.

Paul: Ah, really? But it sounds as though it would be a bit uncomfortable for 4 people. Haven't you got a slightly bigger car?

Staff: We have a Samsung SM5, a medium-sized car. It is far more comfortable for passengers than a small car. It is 80,000 won per day.

Paul: Um, I think that will be okay.

Staff: What about the Santa Fe SUV? It is very good for going on country roads or mountain roads.

Paul: Um, I'll just go for the Samsung car.

Staff: Yes, fine. Do you have your international driving licence and passport? Please fill in the contract form here. You have to pay by credit card.

Paul: Yes, here they are. Ah, I would like to hire a Sat Nav (Satellite Navigator) too.

Staff: You have to pay separately for a Sat Nav. It is 50,000 won for 5 days.

Paul: Fine. I will hire one. What about insurance?

Staff: Insurance is all included in the hire charge. Where will you return the car? If you return it somewhere else there is a separate charge.

Paul: I'll come here to return it.

Unit 07. 표가 다 팔렸다고 써 있잖아요.

1. 여자: 퇴근 시간이라서 사람이 많네요. 앉을 자리가 없겠어요.

   남자: 그러게요. 한참 더 가야 하는데. 어, 저기 자리 있는데요. 빨리 가서 앉아요.

   여자: 어디요? 에이, 안 돼요. 저긴 장애인이나 노인을 위한 자리

예요.

2. 여자: 옷값이 생각보다 비싸네요.
   남자: 아직 세일 기간이 아니라서 그런가 봐요.
   여자: 어, 우리 저 가게 들어가 봐요. 재고정리 한다고 써 있어요.
   남자: 그럴까요? 잘 고르면 괜찮은 거 살 수 있을 거예요.

3. 여자: 어? 여기도 주차할 자리가 없네요.
   남자: 어떡하죠? 약속 시간 다 돼 가는데.
   여자: 주말이라서 차 댈 데가 만만치 않네요.
   남자: 할 수 없지요. 일단 나가서 다른 주차장이 있는지 찾아봅시다.

4. 여자: 여기가 화장실인가?
   남자: 아닌 것 같은데요. 여기 직원만 들어갈 수 있다고 써 있잖아요.
   여자: 그렇네. 그럼 화장실은 어디지?

5. 여자: 아이구, 길이 많이 막히네요.
   남자: 보통 이렇게 막혀요?
   여자: 아니요. 보통 안 막히는데 오늘 무슨 사고가 났나?
   남자: 아, 저기 앞에서 무슨 공사를 하네요. 그래서 차가 밀리나 봐요.

6. 여자: 이거 빨 때가 됐는데. 세탁소에 갖다 맡겨야겠어요.
   남자: 그냥 세탁기에 넣어 빨지 그래요?
   여자: 그래도 비싼 옷이라서 망칠까 봐서요.
   남자: 어디 한번 볼까요? 이거 세탁기에 빨면 안 되겠어요. 여기 손으로 빨라고 써 있네요.

1. W: It is going home time (rush hour) and there are a lot of people. There won't be anywhere to sit.
   M: Yes. That's right. We'll have to go a bit further. Ah, there is a seat over there. Go quickly and sit down.
   W: Where? Ah, that won't do. Those are seats for the disabled or the elderly.

2. W: The price of clothes is more expensive than I thought.
   M: It's probably because it isn't sales time yet.
   W: Mm. Let's try going into that shop over there. It says they are having a clearance sale.
   M: Shall we? If you choose well you can probably buy something nice.

3. W: Oh. There is nowhere to park the car here, is there?
   M: What shall we do? It is already the time of our appointment.
   W: It's the weekend so there aren't many places to park the car, are there?
   M: It can't be helped. We'll have to go out and look for another car park

4. W: Is this a toilet?
   M: I don't think so. It says that only staff may enter here.
   W: Oh yes. Then where is the toilet?

5. W: Oh dear, the road is really jammed, isn't it?
   M: Is it usually this jammed?
   W: No, it doesn't usually get jammed. I wonder if there has been an accident today.
   M: Ah, they're doing some road works up ahead, aren't they? That's why the cars are tailed back.

6. W: It's time to wash this. I'll have to take it to the cleaners and put it in.
   M: Can't you just wash it in the washing machine?
   W: But it is a very expensive garment and it might get ruined.
   M: May I have a look? You cannot wash it by machine. It says here 'wash by hand'.

Unit 08. 지하철에 카메라를 두고 내렸어요.

1. 가: 저기, 제 짐이 안 나왔는데요. 어떻게 해야 하지요?
   나: 어느 비행기로 오셨지요?
   가: 지금 도착한 세계 항공이요. 런던에서 출발해서 홍콩에서 갈아탔어요.
   나: 네, 수화물표 가지고 계시지요? 좀 보여 주시겠습니까?
   가: 네, 여기 있습니다.
   나: 짐이 어떤 거지요?
   가: 큰 까만 색 옷가방이에요.
   나: 제 생각엔 비행기를 갈아탈 때 공항에서 짐이 빠진 것 같습니다. 확인하는데 시간이 좀 필요한데요. 짐을 찾으면 댁으로 바로 보내드리겠습니다.
   가: 네, 알겠습니다.

2. 안녕하십니까? 저희 한국 카드를 이용해 주셔서 감사합니다. 카드 번호를 눌러 주십시오. (누르는 소리, 삐- 7번 정도). 비밀번호 네 자리를 눌러 주십시오. (누르는 소리 네 번) 카드 내역 조회는 1번, 카드 분실 신고는 2번, 주소 변경은 3번, 카드 상품 안내는 4번, 상담원 연결은 5번을 눌러 주십시오. (누르는 소리) (전화 신호 소리)

   직원: 카드 분실 신고입니다. 무엇을 도와 드릴까요?
   남자: 저, 카드를 잃어 버렸는데요.
   직원: 성함을 말씀해 주시겠습니까?
   남자: 전국민이라고 합니다.
   직원: 가장 최근에 카드를 쓴 게 언제인지 기억하십니까?

남자: 오늘 오전에 백화점에서 쇼핑하면서 카드를 썼는데 아마 백화점 어딘가에서 카드를 잃어 버린 것 같아요.

직원: 카드 분실 신고를 하시면 그 카드를 찾아도 다시 사용하실 수 없고 새 카드를 발급 받아야 합니다.

남자: 네, 알겠습니다. 지금 새 카드 신청할 수 있을까요?

직원: 죄송한데 지금은 업무 시간이 끝나서 새 카드를 발급해 드릴 수가 없습니다. 일단 카드 분실 접수는 해 드렸고요. 내일 업무시간에 다시 전화주시겠습니까?

남자: 네, 알겠습니다. 감사합니다.

3. 남자: 저기요. 한 시간쯤 전에 명동역에서 내렸는데 카메라를 지하철 선반에 두고 내렸어요. 어떻게 찾을 수 있을까요?

직원: 그 열차 차량번호를 기억하세요?

남자: 아니요. 그런 걸 어떻게 기억해요?

직원: 그럼 그 열차의 종착역은 아세요?

남자: 네, 상계역이었어요.

직원: 어느 칸에 탔었는지 기억 나세요?

남자: 앞쪽이었는데 아마 두 번째 칸이었던 것 같아요.

직원: 우선 제가 상계역에 연락해 보겠습니다. 누가 가져가지 않았으면 직원이 찾아서 보관할 겁니다. 거기서도 찾지 못하면 유실물 센터로 연락해서 확인해 보셔야 합니다.

1. A: My luggage has not come out. What should I do?

   B: Which flight did you come in on?

   A: On the World Airline flight that has just arrived. I set out from London and changed in Hong Kong.

   B: You have your baggage claim tag? Please show me the claim tag.

   A: Yes, here it is.

   B: What kind of luggage did you have?

   A: It is a big, black suitcase.

   B: I think it looks as though when you changed planes the baggage went missing at the airport. It will take some time to check. When we find the luggage, we'll send it directly to your home.

   A: I see.

2. Hello. Thank you for using our Korea card. Please enter your card number. (The sound of buttons pressed, about 7 beeps.) Please enter your 4-digit PIN number. (The sound of buttons pressed, 4 times.) Please press 1 for enquiries about card transactions; 2 to report a lost card; 3 for change of address; 4 for information about card products; and 5 to be put through to a customer service advisor. (Sound of buttons pressed.) (Ringing tone)

   Staff: This is the card loss notification section. How can I help you?

   Man: I have lost my card.

   Staff: Please give me your full name.

   Man: It is Jeon Gukmin.

   Staff: Do you remember the last time you used your card?

   Man: I used it this morning while shopping in a department store and I think I must have lost the card somewhere in the department store.

   Staff: Once you report your card lost, even if you find it you will not be able to use it and must have a new card issued.

   Man: Yes, I understand. Can I apply for a new card now?

   Staff: I'm sorry but our business hours have finished so I cannot issue you a new card. For the moment, I will note the card loss. Please would you call again tomorrow in business hours?

   Man: Yes, I understand. Thank you.

3. Man: Excuse me. About an hour ago I got off at Myeong-dong Underground Station but I left my camera on the luggage rack. How can I find it?

   Staff: Do you remember the vehicle number of the train?

   Man: No. How would I remember that?

   Staff: Then do you know the final destination of that train?

   Man: Yes. It was Sanggye Station.

   Staff: Do you remember in which compartment you travelled?

   Man: It was towards the front, probably the second compartment, I think.

   Staff: First of all I'll try contacting Sanggye Station. If no-one had taken it, the staff would have found it and kept it safe. If we cannot find it there, try contacting the lost property centre and checking there.

Unit 09. 집에 손볼 곳이 많아요.

부동산 직원: 이 집은 어떠세요? 괜찮으면 이 집으로 결정하세요. 요즘 나와 있는 전셋집도 별로 없거든요. 나와도 금방 나가는 편이에요.

고객: 괜찮은 것 같아요. 그런데 문제가 좀 있어요. 집이 좀 오래돼서 그런지 손볼 곳이 많이 있던데요.

부동산 직원: 그래요?

고객: 부엌 싱크대가 좀 낡았어요. 싱크대를 새로 갈아주시면 좋겠어요.

부동산 직원: 싱크대는 아직 쓸 만하던데…

고객: 겉보기에만 그렇지 열어 보니까 선반도 없고, 여기 저기 얼룩도 많고, 문도 잘 안 맞던데요.

부동산 직원: 그래요?

고객: 또 화장실 거울 위에 있는 불이 안 들어오더라고요. 그것도 갈아야 하고…….

부동산 직원: 화장실 전등이요? 그건 이사 오시는 분이 직접 가셔야 하

Appendix 101

고객:	는데요. 그리고 화장실 변기도 물이 잘 안 내려가던데요.
부동산 직원:	그래요? 지난 번에 제가 확인해 봤을 때는 괜찮았는데.
고객:	작은 방에 벽지도 너무 더러워요. 아이들이 있었는지 벽에 그림하고 낙서투성이에요.
부동산 직원:	부엌 싱크대, 화장실 전등, 변기, 작은 방 벽지……. 좀 많네요.
고객:	아, 또 하나 있어요. 현관문이 잘 안 잠겨요. 열쇠가 잘 들어가지도 않고. 그것도 바꿔 주시면 안 될까요?
부동산 직원:	현관문도 바꿔요?
고객:	문을 바꿀 필요는 없고 그냥 잠금장치만 바꾸면 되는데.
부동산 직원:	제가 주인한테 얘기는 해 보겠지만 다 고쳐주려고 할지 모르겠네요. 그럼, 얘기해 보고 연락 드리겠습니다.

Estate agent:	How about this house? If you like it, do go for this house. These days there are not many houses for rent and even when they do become available, they are taken immediately.
Client:	It looks okay but there is a bit of a problem. Maybe because the house is a bit old, there are a lot of places to repair.
Agent:	Really?
Client:	The kitchen units are a bit worn out. It would be good if you would change them for new units.
Agent:	But the units are still usable...
Client:	It only appears that way outwardly, but when you open them there are no shelves and there are also a lot of stains here and there and the doors don't fit well.
Agent:	Really?
Client:	And in the bathroom the electric light above the mirror does not come on. That also needs changing and...
Agent:	The light in the bathroom, you say? The person who moves in should change that.
Client:	And the water in the toilet does not flush very well either.
Agent:	Really? It was okay when I checked it earlier.
Client:	In the small room the wallpaper is very dirty too. Maybe they had children: the walls are covered all over with pictures and scribbles.
Agent:	The kitchen unit, the bathroom light, the toilet flush, and the wallpaper in the small room ... it's rather a lot.
Client:	Ah! There is one more thing: the entrance door does not shut well. The key doesn't go in very well either. Shouldn't you change that for me as well?
Agent:	Change the entrance door too?
Client:	There is no need to change the door. You should just change the lock fitting.
Agent:	I'll try talking to the landlord but I don't know whether he will fix everything. I'll talk to him and contact you.

Unit 10. 소파는 어디에 놓을까요?

사라:	뭐부터 옮기실 거예요?
아저씨:	우선 큰 거 먼저 옮겨야겠는데 침대는 어디에 놓을까요?
사라:	침대는 방에 놓을 건데요. 방 오른쪽 가운데 놓아 주시고, 침대 머리는 벽 쪽으로 가게 해 주세요.
아저씨:	여기쯤이면 돼요?
사라:	네, 됐어요. 그 다음에 책장도 방으로 갈 거예요. 붙박이장 옆에 놓아주시면 돼요.
아저씨:	소파는 어디에 놓으실 거예요?
사라:	소파는 거실로 갈 건데 오른쪽 벽에 현관문 있는 쪽으로 놓아 주세요.
아저씨:	오른쪽이요. 가운데 놓을까요? 구석으로 붙일까요?
사라:	베란다 쪽 구석으로 놓아 주세요. 너무 딱 붙이지 마시고요.
아저씨:	여기요?
사라:	네, 거기요. 그리고 텔레비전하고 오디오는 소파 맞은편에 놓으시면 돼요. 오디오를 베란다 쪽에 두는 게 좋겠네요.
아저씨:	네, 여기 됐지요? 자, 이제 뭐가 남았나요? 탁자 몇 개 있네요.
사라:	이 작은 탁자 두 개는 침대 양 옆에 놓을 거예요.
아저씨:	그러면 이건 방으로 가야겠네요.
사라:	네, 그리고 둥근 탁자는 소파 앞에 놓을 거고요.
아저씨:	이제 다 됐나요?
사라:	네, 됐어요. 더운데 수고하셨어요. 여기 시원한 물 좀 드세요.
아저씨:	네, 고맙습니다.

Sarah:	What will you move to start with?
Man:	We have to move the big things first, so where shall I put the bed?
Sarah:	The bed is to be put in the bedroom. Please put it in the centre right of the room, and place it so that the bed head is against the wall.
Man:	Is it okay here?
Sarah:	Yes, it's okay. Next, the bookcase also goes in the bedroom. Please would you put it beside the built-in wardrobe?
Man:	Where would you like to put the sofa?
Sarah:	The sofa goes in the living room. Please put it on the right-side wall, the side where the front door is.
Man:	On the right-side? Shall I put it in the middle, or shall I put it in the corner?
Sarah:	Please put it in the corner on the veranda-side. Please don't put it too close to the wall.
Man:	Here?
Sarah:	Yes. There. And the television and audio player are to be put opposite the sofa. You should put the audio player on the veranda-side.
Man:	Yes. It is okay here, isn't it? Well, now what is left? There are some tables.

Sarah: These two small tables are to be put each side of the bed.
Man: Then these have to go in the bedroom.
Sarah: Yes, and the round table is to be put in front of the sofa.
Man: Is that it now?
Sarah: Yes, that's it. You have worked hard in the heat. Here, please have some cool water to drink.
Man: Thank you.

Unit 11. 통장을 만들고 싶은데요.

직원: 무엇을 도와드릴까요?

마크: 저, 통장을 만들고 싶은데요.

직원: 저희 은행에 처음 거래하시면 이 예금 거래 신청서를 쓰셔야 해요. 신분증이 필요한데 여권은 가지고 오셨습니까?

마크: 네, 가져 왔습니다.

직원: 여기 신청서에 영어 이름, 전화번호, 주소, 주민등록번호를 써 주셔야 되는데요. 외국인이시니까 외국인 등록번호를 쓰시면 됩니다.

마크: 여기 아래 직장도 꼭 써야 돼요? 전 학생인데요.

직원: 그럼, 직장은 쓰지 마시고 취미, 이메일 부분을 써 주세요. (잠시 후) 어떤 통장을 원하십니까?

마크: 아무 때나 돈을 넣고 찾을 수 있는 통장이 필요한데요. 집에서 부치는 돈을 받을 수도 있는 걸로요.

직원: 네, 저축예금이 있어요. 언제든지 입금, 출금할 수 있고 송금도 하실 수 있고요.

마크: 그럼, 그걸로 해 주세요. 그리고, 신용카드도 발급받을 수 있습니까?

직원: 학생이라서 신용카드 발급은 어렵습니다. 대신에 체크카드를 발급해 드리겠습니다.

마크: 체크카드요? 그게 뭐지요?

직원: 체크카드는 신용카드처럼 물건을 사는 데 사용하실 수 있는데요. 다만 물건을 사시면 돈의 결제가 통장을 통해 곧바로 이루어집니다. 그래서 통장에 돈이 있어야만 사용하실 수 있습니다.

마크: 그럼, 이 카드로 현금도 찾을 수 있나요?

직원: 네, 여기 현금카드로 사용할 수 있는 카드를 선택하시면 체크카드도 되고 현금도 찾아 쓸 수 있습니다. 혹시 인터넷 뱅킹을 이용하실 겁니까?

마크: 네, 필요합니다.

직원: 그럼, 인터넷 뱅킹에 표시하시고요. 사용하실 아이디 써 주세요. 3일 이내에 저희 은행 홈페이지에 접속하셔서 아이디와 비밀 번호를 등록해 주시고, 공인인증서를 다운 받으시면 됩니다. 그리고 여기 날짜 쓰시고 서명해 주세요.

Staff: How can I help you?
Mark: Um, I want to open an account.
Staff: If this is the first time you have dealt with our bank you have to fill in this application form. You need proof of your identity. Have you brought your passport?
Mark: Yes, I have brought it.
Staff: You should write your name in English, your telephone number, address and ID number here on the application form. As you are a foreigner, you should write your alien registration number.
Mark: Do I have to write my place of work here at the bottom? I'm a student.
Staff: Then don't fill in the place of work: fill in the hobbies and e-mail section. (Pause) What kind of account do you want?
Mark: I need an account that enables me to make withdrawals and deposits anywhere. And that can also receive money sent from home.
Staff: Yes. We have a savings account. You can make deposits and withdrawals at any time and can also make and receive remittances.
Mark: Then please make it that one. And can I also get a credit card issued?
Staff: We cannot issue a credit card as you are a student. We'll issue you with a debit card instead.
Mark: A debit card? What is that?
Staff: Like a credit card, you can use a debit card to buy things. Only payment occurs immediately through your account as you buy things, so you can only use it if there is money in your account.
Mark: Then can I get cash with this card too?
Staff: Yes, if you choose a debit card that can be used as a cash card here then you can also use it to withdraw cash. Will you use Internet banking?
Mark: Yes. I want that.
Staff: Then please mark Internet banking. Please write which username you will use. You should visit our bank's home page within 3 days, register your username and PIN number, and download your written proof of authorisation. Please add your signature and the date here.

Unit 12. 아파트에 살아요.

수진: 아파트 관리비 고지서를 왜 그렇게 열심히 보고 계세요? 무슨 문제 있어요?

폴: 네, 관리비가 25만 원이 넘게 나왔어요.

수진: 정말 많이 나왔는데요. 제가 고지서를 좀 볼까요? 음……. 미납액 11만 5천 원이 있네요. 아마 지난달에 관리비를 안 낸 것 같은데요.

폴: 네. 지난 달에 관리비 내려고 학교에 있는 은행에 갔는데 거기서 안 받는다고 해서 못 냈어요.

수진: 관리비는 보통 집 근처 은행에서 받아요. 여기 조은은행 사당동 지점에 내라고 써 있네요.

폴: 아, 그래서 그렇구나. 그런데 연체료는 또 뭐예요? 연체료로 2천 5백 원이 있는데.

수진: 이건 관리비를 늦게 내면 벌금으로 내는 돈인데요. 보통 매달 납기 마감일이 있어서 그 때까지 돈을 내야 해요. 이 달은 11월 30일이네요.

폴: 아, 그러니까 11월 30일까지 내면 연체료는 안 내도 된다는 말이죠?

수진: 네, 그렇지요. 이번 달 안에 납기내 금액을 내면 돼요. 25만 8백 원이네요. 음, 뭐가 많이 나왔는지 좀 볼까요?

폴: 난방비가 4만 5천 원으로 제일 많아요. 전기 요금도 많고요. 수도 요금도 2만 천 원이나 나왔어요. 좀 아껴 써야겠어요.

수진: 가족이 네 명인데 수도 요금이 2만 천 원이면 많은 거 아닌데요.

폴: 그런가요? 다행이네요.

수진: 아, 그리고 매번 은행에 가기 귀찮으면 자동이체 신청을 하세요. 아니면 인터넷 뱅킹으로 내거나 전화로 낼 수도 있어요.

폴: 그렇군요. 여러 가지 알려줘서 고마워요.

Sujin: Why are you looking at the service charge bill for your apartment so closely?

Paul: It says the service charge is over 250,000 won.

Sujin: That's really a lot. May I see the bill a moment? Um, there is an overdue sum of 115,000 won. It looks as though you didn't pay the service charge last month.

Paul: Yes. Last month I went to the bank at college to pay the service charge but they said they would not accept it there so I couldn't pay.

Sujin: They usually accept service charges at a bank near the property. It tells you here to pay at Joeun Bank, Sadangdong Branch.

Paul: Oh, so that's why. Then what is 'yeoncheryo'? There is 'yeoncheryo' at 2,500 won.

Sujin: That is a fine for late payment of the service charge. There is usually a deadline for payment each month and you have to pay the money by that date. This month it is 30 November.

Paul: Oh, so if I pay by 30 November I don't have to pay the 'yeoncheryo', you mean?

Sujin: Yes, that's right. You should pay the 'amount to be paid' within this month. It's 250,000 won, isn't it? Um, lot me see why it is so much.

Paul: Heating costs are the highest at 45,000 won. The electricity charges are high too. And water is about 21,000 won as well. I'll have to economise a bit.

Sujin: 21,000 won for the water bill is not really a lot with 4 people in the family.

Paul: Really? That's lucky.

Sujin: Oh, and if it is a bother to go to the bank every time, apply for a direct debit. Or pay by Internet banking, or you can also pay by telephone.

Paul: Oh really? Thank you for giving me all that information.

Unit 13. 친절하고 유머 감각이 있어.

수진: 결혼 축하해. 너 오늘 참 예쁘다.

유미: 고마워. 음식은 좀 먹었니? 맛있게 먹고 즐겁게 놀다 가. 우리 신랑 친구들 많이 왔는데 마음에 드는 사람 있으면 얘기해. 소개 시켜 줄게.

수진: 정말?

유미: 어, 저기 식탁 왼쪽에 서 있는 사람 보여?

수진: 누구? 까만 양복에 체크무늬 넥타이 맨 키 큰 사람?

유미: 응. 신랑이랑 제일 친한 친구인데 성격이 정말 좋아. 친절하고 유머 감각도 있고.

수진: 그래? 음……. 그런데, 그 사람하고 얘기하고 있는 짧은 머리 남자는 누구야? 꽤 멋있게 생겼는데.

유미: 그 사람은 스포츠광이야. 못 하는 운동이 없어. 스키, 수영, 축구 다 잘해.

수진: 멋있다. 그런데 내가 운동을 못 해서……. 또 다른 사람 없어?

유미: 있지. 저기 좀 긴 머리에 안경 쓴 사람은 어때? 고등학교 때 친구인데 책을 엄청 많이 읽어. 글 쓰는 걸 좋아하고 생각이 깊고. 요즘 인터넷 신문에 글을 쓴다고 하던데.

수진: 저런 타입은 미나가 좋아하는데. 오늘 회사 출장 때문에 못 왔어.

유미: 한 사람 더 있어. 저기 키 좀 작고 빨간색 넥타이를 맨 지금 웃고 있는 사람 있지. 직업이 호텔 요리사야. 능력도 좋고 아이들도 좋아하고……. 아마 친구들 중에서 제일 다정다감할 거야.

수진: 귀엽게 생겼는데.

유미: 마음에 드는 사람이 있어?

수진: 친구들이 다 개성 있고 멋있다. 다 애인하면 안 될까?

유미: 뭐라고?!

Sujin: Congratulations on your marriage. You are very beautiful today.

Yumi: Thanks. Have you had something to eat? Please enjoy the food and have a nice time. A lot of my husband's friends have come - so do tell me if you see someone you like. I'll have you introduced.

Sujin: Really?

Yumi: Yes. Do you see that person standing to the left of the table over there?

Sujin: Who? The tall person wearing the black suit and the checked tie?

Yumi: Yes. He is my husband's closest friend and he is really nice. He is kind and has a sense of humour too.

Sujin: Really? Um, well then, who is the person with short hair talking to him? He is really good-looking.

Yumi: He is sports-mad. There isn't any sport he can't do: skiing, swimming, football - he does them all well.

Sujin: Wow! But as I am no good at sports, isn't there someone else?

Yumi: Of course there is. How about that person over there with slightly long hair and wearing glasses? He is a friend from high school days and he reads lots of books. He likes writing and is considerate. I've heard that he writes for an online newspaper these days.

Sujin: He's the type Mina likes. But she couldn't come today because of a business trip.

Yumi: There is one more person. That person over there who is laughing. He is a bit short and is wearing a red tie. He works as a hotel chef. He is capable and likes children too. He is probably the most warm-hearted of my friends.

Sujin: He looks cute.

Yumi: Is there anyone you like?

Sujin: Your friends are all interesting characters and handsome. Can't I date them all?

Yumi: What?!

Unit 14. 면접 보러 왔는데요.

폴: 안녕하세요? 폴 존슨입니다.
면접관: 네, 안녕하세요? 간단히 자기 소개를 해 주세요.
폴: 네. 저는 영국 사람이고 1975년생입니다. 이번에 영어 교사로 지원했습니다.
면접관: 이력서를 보니까 전공은 다른 걸 하셨네요.
폴: 네, 역사를 전공했습니다. 그렇지만 언어에도 관심이 있어서 프랑스어를 부전공으로 했습니다.
면접관: 졸업 후에는 여행사에서 근무하셨네요.
폴: 네, 세계 여행사에서 1년쯤 근무하다가 그만 두고, 리즈 초등학교에서 보조 교사로 프랑스어를 1년쯤 가르쳤습니다.
면접관: 영어는 어떻게 가르치게 되었습니까?
폴: 프랑스어를 가르치다 보니 영어 교육에도 관심이 생겨서 런던 교육대학에서 영어교사과정을 본격적으로 공부했습니다.
면접관: 영어를 가르친 경험에 대해서 더 말씀해 주시겠습니까?
폴: 런던에서 일반인 회화 과정을 한 4년 정도 가르쳤고 2004년에 한국에 와서 수원의 한 영어 학원에서 초등학생들을 3년간 가르쳤습니다.
면접관: 아이들과 성인을 가르치는 것이 좀 다를 것 같은데 어땠습니까?
폴: 네, 가르치는 방법이 좀 다르지만 아이들이건 어른이건 생활 속에서 자연스럽게 영어로 의사소통하는 법을 가르치려고 했습니다.
면접관: 네, 알겠습니다. 마지막으로 취미나 특기가 있습니까?
폴: 오래 전부터 태권도를 배워서 태권도에 자신이 있고요. 사진에도 관심이 있는데 요즘은 시간 날 때 아내와 같이 한국의 전통 건축물이나 자연을 찍습니다.
면접관: 네, 잘 알겠습니다. 결정되는 대로 연락 드리겠습니다.
폴: 감사합니다.

Paul: Hello. I am Paul Johnson.
Interviewer: Hello. Please tell me a little about yourself.
Paul: I am British and I was born in 1975. I applied for [the post of] English language instructor.
Interviewer: According to your resumé you majored in a different subject.
Paul: Yes. I majored in History, but as I am interested in languages I studied French as a subsidiary subject.
Interviewer: After you graduated you worked at 'World Travel Agency' for a year, didn't you?
Paul: Yes. I worked at 'World Travel Agency' for a year and then left and taught French at Leeds Primary School for about a year as a teaching assistant.
Interviewer: How did you come to be teaching English?
Paul: While teaching French I became interested in teaching English as well, so I studied seriously on a course for English teachers at the London College of Education.
Interviewer: Would you talk a little more about your English teaching experience please?
Paul: I taught a conversation class for adults in London for about 4 years, and I came to Korea in 2004 and taught primary school pupils at an English language school in Suwon for about 3 years.
Interviewer: I think teaching children is different from teaching adults. What do you think?
Paul: Mm. The teaching methods differ a little, but I aimed to teach both adults and children a way to communicate in English naturally in daily life.
Interviewer: I see. Finally, do you have any hobbies or any special skills to mention?
Paul: I have been learning Taekwondo for a long time so I am quite confident in Taekwondo. I am also interested in photography and these days when I have time I photograph traditional Korean buildings or landscapes with my wife.
Interviewer: I see. I'll be in touch when a decision has been made.
Paul: Thank you.

Unit 15. 쌈밥을 만들어 보겠습니다.

안녕하세요. 주말의 요리 시간입니다. 오늘은 싱싱한 양배추와 호박잎을 이용한 쌈밥을 만들어 보겠습니다. 먼저 필요한 재료들을 알아볼까요? 우선 쌀 2컵, 양배추 ¼ 개, 호박잎 10장이 필요하고요. 양념된장 재료로는 오징어 반 마리, 된장 6 큰술, 고추장 2 큰술, 양파 반 개, 다진 마늘 1큰술, 다진 파 1 큰술, 설탕 1큰술, 간장 ½ 큰술, 물 2큰술, 식용유 1큰술 등이 들어갑니다. 재료는 4인분 기준입니다.

먼저 밥을 준비합니다. 쌀을 씻어서 밥솥에 넣고 밥을 합니다. 오늘은 쌀밥으로 하지만 보리쌀을 같이 섞어도 맛있습니다.

밥이 되는 동안 양념 된장을 만들어 보겠습니다. 먼저 오징어하고 양파를 씻어서 잘게 썹니다.

그리고 작은 냄비에 식용유를 조금 넣고 양파, 마늘, 오징어를 넣어 같이 3분쯤 볶습니다. 거기에 설탕, 간장, 고추장, 된장 그리고 물을 조금 붓고 15분에서 20분쯤 볶습니다.

거의 다 볶아지면 다진 파를 넣습니다. 이렇게 하면 양념된장이 준비됩니다. 오늘 양념된장은 오징어를 이용해서 만들었는데요. 오징어 대신 돼지고기나 소고기를 이용하셔도 됩니다.

이제 쌈을 준비해 볼까요? 쌈으로 양배추하고 호박잎을 준비했는데요. 이것을 찜기에 찝니다. 한 15분에서 20분 정도 찝니다.

그럼, 재료가 다 준비됐네요. 이제 밥하고 양념된장을 잘 섞어 주세요. 그리고 잘 섞은 밥 한 숟가락을 찐 양배추나 호박잎에 넣고 쌉니다. 이렇게 하면 쌈밥이 되는 거죠. 요리법이 간단하지요?

자, 만드는 법을 다시 한번 정리해 볼까요?
먼저 밥을 하고, 오징어, 양파, 마늘 등에 설탕, 간장, 된장을 넣고 볶아서 양념된장을 만듭니다.

다음 양배추와 호박잎을 찝니다. 마지막으로 밥과 양념된장을 섞어서 찐 양배추와 호박잎으로 쌈을 만들어서 드시면 됩니다. 주말 가족과 함께 맛있는 쌈밥을 드시면서 대화를 나눠 보시지요. 이상으로 '주말의 요리' 시간을 마치겠습니다.

Hello. Welcome to our 'Weekend Cooking'. Today I am going to make Ssambap using fresh cabbage and pumpkin leaves. First let's find out what ingredients we need. First, we need 2 cups of rice, 1/4 cabbage and 10 pumpkin leaves. As ingredients for the flavoured soybean paste we use 1/2 squid, 6 tablespoons soybean paste, 2 tablespoons chilli paste, 1/2 onion, 1 tablespoon chopped garlic, 1 chopped spring onion, 1 tablespoon sugar, 1/2 tablespoon soy sauce, 2 tablespoons water and 1 tablespoon cooking oil.

1. First prepare the rice. Wash the rice and put it into the rice cooker to cook. Today I am using just rice but it is also nice to mix rice and barley together.

2. While the rice is cooking I'll make the flavoured soybean paste (sauce). First wash the squid and onion and chop finely.

3. Then put a little cooking oil into a small pan, add the onion, squid, and garlic and sauté for about 3 minutes. Add to that the sugar, soy sauce, chilli paste, soybean paste and a little water and sauté for 15 to 20 minutes.

4. When [this] is almost cooked, put in the chopped spring onion. Then the flavoured soybean paste (sauce) is ready. Today I made the flavoured soybean paste (sauce) using squid. You can use beef or pork instead of the squid.

5. Now let's prepare the wrapping. I have prepared cabbage leaves and pumpkin leaves for the wrapping. Steam these in a steam cooker. Steam for about 15 to 20 minutes.

6. Now all the ingredients are ready. Then mix well the (boiled) rice and flavoured soybean paste (sauce).

7. Place one spoonful of the well-mixed rice onto a cabbage or pumpkin leaf and wrap. And the Ssambap is done. It is easy to make, isn't it?

Right. Shall I go over the instructions once more? First do the rice, and make the flavoured soybean paste (sauce) by adding to the squid, onion and garlic the sugar, chilli paste and soybean paste and sautéing. Next steam the cabbage and pumpkin leaves. Last, mix the rice and spiced soybean paste and wrap in the steamed cabbage and pumpkin leaves. Enjoy chatting with your family while eating delicious Ssambap at the weekend. This concludes 'Weekend Cooking'.

Unit 16. 목과 어깨를 풀어 볼까요?

안녕하세요. 책상 앞에 오래 앉아 일하시는 분들 자주 목이나 어깨가 뻐근하시지요? 오늘은 사무실에서 쉽게 할 수 있는 스트레칭을 배워 보겠습니다. 스트레칭 동작을 할 때는 천천히 하는 것을 잊지 마세요.

1. 먼저, 의자에 앉은 채로 목 풀기부터 해 볼까요? 목을 뒤로 크게 젖히세요. 그 다음 천천히 앞으로 숙이세요. (한 3초 후) 자, 고개 다시 고요. 한 번 더 해 볼까요? 목을 뒤로 젖혔다가 천천히 앞으로 숙이세요. 그리고 제자리에.

2. 두 번째는 목과 어깨를 스트레칭해 보겠습니다.
왼팔을 옆으로 펴시고요. 오른손을 머리 위로 해서 머리 왼쪽을 잡고 오른쪽으로 쭉 당겨 주세요. 한 5초쯤 있습니다. 두 팔을 천천히 내리세요. 자, 이제 반대편 해 보겠습니다. 오른팔을 옆으로 펴시고요. 왼손을 머리 위로 해서 머리 오른쪽을 잡고 (왼쪽으로) 쭉 당겨 주세요. 그리고 팔을 천천히 내리세요.

3. 세 번째는 팔과 어깨를 스트레칭합니다. 이 동작은 앉아서 해도 되고 서서 해도 됩니다.
오른팔은 올려서 목 뒤로 내리세요. 왼손은 아래에서 등 뒤로 올리세요. 그리고 양손을 등 뒤에서 잡아 주세요. 그대로 한 5초쯤 있습니다. 이제 천천히 팔 내리시고요. 반대쪽 해 보겠습니다. 왼팔은 올려서 목 뒤로 내리고 오른손은 아래에서 등 뒤로 올립니다. 그리고 양손을 등 뒤에서 잡습니다. 두 팔이 닿지 않는다고요? 그럼, 그냥 그대로 한 5초쯤 있다가 팔을 내려 줍니다.

4. 네 번째는 의자에 앉은 채로 두 다리를 들어 앞으로 쭉 뻗습니다. 이때 무릎은 굽히지 마세요. 발목을 몸 쪽으로 쭉 당겨줍니다. 발목을 당길 때 무릎이 당기시지요? 자, 이제 발끝을 폅니다. 두 번 더 하겠습니다. 발목을 쭉 당겼다가 폈다가, 당겼다가 폈다가. 이제 천천히 다리를 내리세요.

5. 다음은 서서 하는 동작입니다. 모두 일어서세요. 그 다음 다리를 어깨 넓이로 벌리세요. 두 팔을 머리 위로 쭉 펴세요. 두 손은 깍지를 끼세요. 그리고 깍지 낀 손바닥이 위로 가도록 해서 양 팔을 쭉 뻗어 스트레칭합니다. 그 다음 천천히 양 팔을 내립니다.

6. 마지막은 숨쉬기로 정리하겠습니다. 숨을 크게 들이마셨다가 내쉬세요.
자, 이제 피로가 좀 풀리셨습니까? 매일 조금씩 해 보세요. 큰 효과가 있을 겁니다.

Hello. Those of you who work seated at a desk for long periods probably often have a stiff neck or shoulders, don't you? Today I shall try to teach you about stretches that you can easily do in the office. Don't forget to do it slowly when you stretch.

1. First, remaining seated on a chair, let's start with loosening the neck. Bend your neck right back. Then slowly drop it forwards. (After about 3 seconds) Now raise your head. Let's do that again. Bend your neck backwards and then slowly drop it forwards. Then back to normal position.

2. Second, I am going to try stretching the neck and shoulders. Stretch your left arm out to the side. Put your right hand over your head and hold the left side of your head, pulling it to the right. Hold that position for about 5 seconds. Lower both hands slowly. Now we'll try the other side. Stretch your right arm out to the side. Put your left hand over your head and hold the right side of your head, pulling it (to the left). Lower your arms slowly.

3. Third, we stretch the arms and shoulders. You can do this sitting down or standing up. Raise the right arm and lower it behind your neck. Bring your left hand up behind your back. Clasp both hands behind your back. Hold that position for about 5 seconds. Now slowly lower your arms. We'll try it on the other side. Raise the left arm and lower it behind your neck and bring your right hand up behind your back. Clasp both hands behind your back. Do your arms not reach each other? Then just hold your position for about 5 seconds and lower your arms.

4. Fourth, remaining seated on a chair, you raise both legs and stretch them out in front of you. At this time do not have your knees bent. Flex your ankle (bringing your toes) towards your body. When you draw (your toes) up, you feel your knees stretch, don't you? Now you point your toes down. We'll do that twice more. Bring your toes up, point them down, bring them up, point them down. Now slowly lower your legs.

5. Next is an action to do standing up. Stand up everyone. Stand with your feet shoulder-width apart. Stretch both your arms above your head. Clasp both hands. Turn the palms of your clasped hands to face upwards and stretch both arms. Then slowly lower both arms.

6. Last, I'll finish with breathing. Take a deep breath and exhale. Now, has your fatigue been relieved a little? Try it bit by bit every day. It will have a great effect.

Unit 17. 소화가 안 돼서 왔어요.

환자: 안녕하세요?
의사: 네, 이쪽으로 앉으세요. 어디가 불편하세요?
환자: 며칠째 소화가 안 돼서 왔어요.
의사: 다른 데 아픈 곳은 없으세요?
환자: 음, 특별히 아픈 데는 없는데 자주 피곤해요.
의사: 진맥 좀 해 볼까요? 손 좀 이리 줘 보세요. 자, 이제 저쪽으로 누워 보시겠어요? 배 좀 한번 볼게요. 아프면 얘기하세요.
환자: 아.. 거기가 좀 아파요.
의사: 자, 이제 됐습니다. (잠시 후) 지금 윗배 부분에 단단한 게 뭉쳐 있네요. 그리고 전체적으로 몸의 기가 막혀 있습니다.
환자: 기요?
의사: 동양 의학에서는 우리 몸에 흐르는 에너지를 기라고 하고 이 기의 흐름을 중요하게 여깁니다. 혹시 일이 많거나 일 때문에 스트레스를 받지는 않으십니까?
환자: 사실은 직장에서 스트레스를 좀 많이 받고 있어요.
의사: 스트레스 때문에 소화가 안 될 수 있습니다. 소화가 안 되면 위에만 문제가 있다고 생각하지만 사실 우리 몸은 다 연결이 되어 있지요. (잠시 후) 몸이 찬 편이시지요?
환자: 네.
의사: 혈액 순환도 잘 안 되고 있다는 뜻입니다. 운동은 좀 하십니까?
환자: 아니요. 걷는 거 외에는 잘 안 해요.
의사: 걷는 것도 좋은 운동입니다. 그렇지만 꾸준히 하셔야 합니다. 그리고 평소에 마음을 편하게 가지도록 하세요. 오늘은 일단 소화를 도와주고 기를 순환시키는데 도움이 되는 약을 좀 드리겠습니다.
환자: 네, 알겠습니다.
의사: 약은 식전에 드세요. 2주 동안은 아침에 한 번, 저녁에 한 번 드시고요. 그 후에는 하루에 한 번 드시면 됩니다.
환자: 네, 감사합니다.

Patient: Hello.
Doctor: Hello. Please sit over here. What is the problem?
Patient: I have come because I have had indigestion for some days.

Doctor: And do you have pain anywhere else?
Patient: Um, I don't have pain anywhere else in particular, but I am frequently tired.
Doctor: I'll take your pulse. Please give me your hand. Now would you please lie down over there? I'll just have a look at your stomach. Tell me if it hurts.
Patient: Aah. It hurts a bit there.
Doctor: Now that's it. (Pause) There is a hard lump in your stomach and the flow of 'Ki' throughout your whole body is blocked.
Patient: Ki?
Doctor: In oriental medicine we call the energy that flows in the body 'ki' (energy) and we consider the flow of this energy very important. Could it be that you are under stress because of work?
Patient: Actually, I am under quite a lot of stress because of my job.
Doctor: Indigestion can be caused by stress. If you have indigestion you might think that the only problem is in your stomach, but in fact everything in our bodies is connected. (Pause) You normally feel the cold, don't you?
Patient: Yes.
Doctor: That means your blood circulation is poor. Are you doing any exercise?
Patient: No. I don't do much apart from walking.
Doctor: Walking is good exercise too. But you have to do it constantly. And please try to not to worry all the time. Anyway, today I'll give you some medicine to help your digestion and to help the circulation of energy.
Patient: I see.
Doctor: Please take the medicine before meals. Take it once in the morning and once in the evening for two weeks. After that you should take it once a day.
Patient: Thank you.

Unit 18. 문상 가 본 적이 있어요?

수진: 마크 씨, 민석 씨 소식 들었어요? 민석 씨 아버지께서 어제 돌아가셨대요.
마크: 어? 정말이요? 병원에 입원하셨다는 이야기를 들었는데 그런 일이 있었군요.
수진: 네, 그래서 문상 가려고 하는데 같이 갈래요?
마크: 문상이요? 그게 뭔데요?
수진: 누가 돌아가시면 찾아가서 조의를 표하는 거예요. 남은 가족들에게 위로의 말도 하고요.
마크: 그럼, 문상은 장례식 전에 가는 건가요?
수진: 네, 장례식은 돌아가신 후 3일째 되는 날에 하는데, 그 전까지 사람들이 돌아가신 분한테 마지막 인사를 하러 가요. 오늘 같이 가서 민석 씨도 좀 도와 주고 와요.
마크: 도와 줘요? 뭘요?
수진: 민석 씨는 형제도 없고, 친척들도 다 외국에 살아서 도울 일이 많을 거예요. 손님들이 많이 오니까 음식 대접하는 걸 좀 도와주면 좋지요.
마크: 음식을 대접해요?
수진: 손님들이 돌아가신 분을 생각하면서 음식도 먹고 이야기 하면서 술도 마시고 그러거든요.
마크: 그렇다면 가서 도와 주어야겠네요. 근데 뭘 입고 가야 돼요?
수진: 까만 양복 입으면 좋은데 있어요?
마크: 까만색 셔츠하고 바지는 있지만 양복은 없는데요.
수진: 그거라도 괜찮아요.
마크: 뭐 또 다른 거 준비해야 돼요?
수진: 보통 봉투에 '조의금'이라고 써서 돈을 주곤 해요.
마크: 아, 그렇군요. 그 다음에는 또 뭘 하지요?
수진: 가면 먼저 조의금을 내고 아버님 사진 앞에 두 번 절을 드리고, 가족들에게 돌아서서 절을 한 번 하면 돼요. 위로의 말도 하면 좋고요.
마크: 어휴, 좀 어려운 거 같은데요.
수진: 내가 앞에서 할 테니까 내가 하는 대로 따라 하세요.
마크: 알겠어요.

Sujin: Mark, have you heard about Minseok? Minseok's father passed away yesterday.
Mark: Oh? Really? I heard that he had gone into hospital. So that's happened, has it?
Sujin: Yes. So I am going to pay a call of condolence. Do you want to come with me?
Mark: Call of condolence? What is that?
Sujin: It means going to express sympathy when someone has passed away and conveying words of sympathy to the family.
Mark: Then you pay the call of condolence before the funeral service?
Sujin: Yes. The funeral service is held on the third day after death, and people go to pay their last respects to the deceased person before then. Come with me today and help Minseok a bit too.
Mark: Help? What?
Sujin: Minseok has no brothers or sisters and all his relatives live abroad so there are lots of things to help with. A lot of guests come so we should help a little by offering food.
Mark: Do people offer food?
Sujin: The guests eat and drink while reminiscing about the deceased person.
Mark: If that's the case we must go and help. What should I wear to go there?
Sujin: You should wear a black suit. Have you got one?
Mark: I've got a black shirt and trousers but not a black suit.
Sujin: That will do.

Mark: Should I prepare anything else?

Sujin: Usually people give some money in an envelope that says 'condolence money' on it.

Mark: Oh really? What else do I do after that?

Sujin: When you go, first you give the condolence money and you bow twice in front of a photograph of his father. Then you should turn to the family and bow once. You should also express words of sympathy.

Mark: Oh. It sounds a bit difficult.

Sujin: I'll do it first so you can follow what I do.

Mark: Okay.

Unit 19. 음주 문화에 대해서 토론해 보겠습니다.

사회자: 한국 사람만큼 술을 좋아하고 같이 어울리는 것을 좋아하는 사람도 없는 것 같습니다. 그러나 그로 인한 문제도 만만치 않은 것 같습니다. 그래서 오늘은 한국의 음주 문화에 대해 말씀 나눠 보겠습니다. 신경 정신과 전문의이신 김대성 선생님, 그리고 올바른 음주 문화 연구센터 연구원이신 이은주 선생님 나오셨습니다. 안녕하십니까?

김 선생: 네, 안녕하십니까? 김대성입니다.

이 선생: 안녕하세요? 이은주입니다.

사회자: 한국인의 음주 문화에 대해 두 분 선생님께서는 어떻게 생각하시는지요?

김 선생: 저는 술을 마시는 것에 대해서 어느 정도는 이해해 줘야 한다고 생각합니다. 현대인들은 일이나 인간관계 때문에 받는 스트레스도 상당하지요. 그때 술을 마시면서 스트레스를 풀 수도 있기 때문에 정신 건강에 도움을 준다고 생각합니다. 또 직장 회식이나 집안 모임, 친구들과의 술자리를 통해 하기 좀 어려운 이야기도 자연스럽게 할 수 있지요.

이 선생: 저는 그렇게 생각하지 않습니다. 스트레스를 해소하기 위해 술을 마시는 것을 이해는 하지만 스트레스의 원인을 해결하지 않고 술에만 의지하는 것은 문제입니다. 그것이 여러 가지 사회 문제를 가져오게 됩니다. 즉, 술을 너무 자주 많이 마시는 게 문제라는 것이죠.

사회자: 두 분 선생님의 말씀이 다 일리가 있는데요. 현재 우리나라 국민이 마시는 술의 양에 대한 객관적인 통계가 있습니까?

이 선생: 네, 최근 조사에 의하면 한국 국민 1인당 1주일에 소주 2병 꼴로 마신다고 합니다. 음주로 인한 가장 큰 문제는 음주 운전입니다. 전체 교통사고 중에 음주로 인한 교통사고가 거의 10%나 된다고 합니다. 또 폭행이나 가정 폭력, 성범죄 같은 사회적 범죄들이 다 술과 밀접한 관계가 있습니다.

사회자: 네, 음주 운전과 사회적 범죄 같은 문제가 발생하는 것을 지적해 주셨는데요. 김선생님은 어떻게 생각하십니까?

김 선생: 다른 문제로는 아무래도 건강 문제가 있겠지요. 과음을 해서 건강을 잃는 사람이 늘고 있습니다.

사회자: 네, 그럼, 이런 음주 문화를 바꾸기 위해서는 어떤 방안이 있을까요?

김 선생: 우선 과음이나 폭음을 삼가야 합니다. 또 술 취한 사람에게 더 마시라고 권하지 말아야 합니다.

이 선생: 저도 그 의견에 동의합니다. 또 근본적으로는 술에 대한 사회적 인식이 좀 바뀌어야 하는데요. 예를 들면 직장에서 손님 접대를 술로 하는 대신 공연이나 전시회, 운동 경기를 관람하는 등의 문화 접대로 바꾸는 것이 어떨까 합니다.

사회자: 네, 술을 마시느냐 마느냐가 문제가 아니라 술을 어떻게 마시느냐가 중요한 것 같습니다. 두 분 선생님 말씀을 제대로 지킨다면 건전한 음주 문화를 가질 수 있을 것 같습니다. 오늘 두 분 선생님의 좋은 말씀 감사합니다.

Presenter: I don't think there is any people which likes drinking alcohol and socialising as much as Korean people do. But I think that the problems caused by that are not insignificant. So today we are going to talk about Korea's drinking culture. We have with us neurophychosis expert Kim Daeseong and a researcher at the Bonafide Drinking Culture Research Centre Lee Eunju. Hello.

Mr. Kim: Hello. I'm Kim Daeseong.

Ms Lee: Hello. I'm Lee Eunju.

Presenter: What do you both think about Korea's drinking culture?

Mr. Kim: I think that one should understand the extent of the drinking culture. People today are under considerable stress due to work and interpersonal relationships. I think that at times relieving stress by having a drink can be beneficial to one's mental health. You see, through dining together in the workplace or gatherings at home or going for a drink in a bar with friends one can naturally talk about things, even things difficult to talk about.

Ms Lee: I disagree. I understand drinking alcohol to reduce stress but it does not solve the cause of the stress and just turning to alcohol is a problem. That causes many problems in society. The problem is drinking too much and too often.

Presenter: There is some truth in what you both say. Do you have any concrete statistics on the amount of alcohol currently drunk by Koreans in this country?

Ms Lee: Yes. According to a recent survey Koreans drink two bottles of 'soju' per person per week. The biggest problem caused by drinking is drunk driving. Almost 10 % of all traffic accidents are accidents caused by drunk driving. Moreover social crimes such as acts of violence, domestic violence and sexual crimes are all closely linked with alcohol.

Presenter: Yes. You have pointed out that problems like drunk driving and social crimes happen. What do you think, Mr Kim?

Mr. Kim: Quite apart from other problems there are health problems. There is an increasing number of people who drink too much and damage their health.

Presenter: Then what sort of programmes are there to change this kind of drinking culture?

Mr. Kim: First one should refrain from excessive drinking and binge drinking. And also one should not encourage people who are drunk to drink more.

Ms Lee: I agree with that view. We need to change society's awareness more fundamentally. For example, at work instead of offering corporate hospitality involving drinking, how about changing to cultural corporate hospitality such as taking clients to view a performance, an exhibition or a sporting event?

Presenter: Yes. It seems that the problem is not whether or not to drink alcohol, but how to drink it that is important. I think that if we kept to the advice of these two experts we could have a healthy drinking culture. Thank you both for your good advice today.

Unit 20. 뉴스를 들어 봅시다.

1. 외국인 관광객들이 '한국'하면 제일 먼저 떠올리는 것은 김치인 것으로 조사됐습니다.

   관광공사가 한국을 방문한 외국인 1,100여 명을 대상으로 한 설문조사에 따르면 한국 방문 외국인들이 한국 하면 떠올리는 이미지는 김치가 20.8%로 가장 많았고 이어서 친절하다, 쇼핑, 불고기, 올림픽 등의 순으로 나타났습니다.

   또한 방문 동기는 '업무, 사업'이 26.7%로 가장 높았으며, '주위 사람들이 관광지로 추천해서'가 26.2%, '친지, 친구 방문'이 15.3%, '한류문화 경험'이 14.6%로 그 뒤를 이었습니다.

   한국 방문에 대해서는 73.1%가 만족한다고 답했으며 만족스러운 부문으로 '출입국 절차'와 '음식', '친절성' 등을 꼽은 반면, '관광 정보'와 '관광 비용', '의사소통'은 불만스럽다는 반응이 많았습니다.

2. 올 9월부터 서울 시내 모든 버스정류장에서 담배를 피우는 것이 금지됩니다. 서울시는 오늘 지난 5월 말부터 시내 버스정류장 6곳에서 시범 운영해 온 금연 정류장을 9월부터는 시내 모든 버스정류장으로 확대 실시한다고 밝혔습니다. 이와 관련해 서울시 관계자는 최근 금연 정류장에 대해 시민 반응을 조사한 결과 89%가 전체 버스 정류장으로 확대하는 것에 찬성했다며 금연 정류장의 확대 배경을 설명했습니다. 서울시는 또 가족 단위의 방문객이 많은 가족 공원과 음식점이나 술집 등의 공공장소에서의 금연을 순차적으로 추진하기로 했습니다.

3. 고령화 사회를 맞아 경기도의 한 지방자치단체가 대학교 손잡고 건강한 노후를 보낼 수 있도록 돕는 교육 프로그램을 운영해 호응을 얻고 있습니다. 이영수 기자의 보도입니다.

   〈리포터〉 6,70대 노인들이 노래와 춤을 열심히 배우고 있습니다. 활짝 웃는 모습은 나이를 잊은 듯 합니다. 노인들의 보람 있고 건강한 생활을 돕기 위해 처음 시작한 이른바 노인학교의 교육 프로그램입니다. 교육 첫날은 치매 예방 운동 요법으로 시작했습니다. 대학의 전문 교수가 치매를 예방할 수 있는 구체적인 방법을 소개하고 실습도 합니다. 노인학교의 교육 내용에는 신체의 건강뿐 아니라 노인 심리나 웃음 치료 등 정신 건강을 위한 프로그램도 준비돼 있습니다.

1. A survey was done into the fact that the first thing that occurs to foreign tourists when one says 'Korea' is Kimchi. According to a questionnaire organised by Korea Tourism Organisation given to about 1,100 foreigners who visited Korea, the greatest number, 20.8%, said that Kimchi was the image that came to mind for foreigners when one said 'Korea', followed by 'being kind', 'shopping', 'Bulgogi' and the Olympics, in that order. On the other hand, as the reason for visit, the greatest number, 26.7%, gave 'business' as the reason for visit, followed by 26.2% saying it had been recommended by friends as a tourist destination, 15.3% saying 'visiting friends or relatives', and 14.6 % saying 'to experience Korean culture'. 73% answered that they were satisfied with their visit to Korea, and among those who were satisfied, many cited Immigration and Emigration procedures, and 'food' and 'kindness', whereas on the other hand dissatisfaction was with 'tourist information', 'tourism costs' and 'language communication.'

2. From this September smoking will be banned at all bus stops in Seoul City. Seoul City announced today that from September it would implement the extension of the smoking ban at bus stops that has been operating as an experiment at 6 bus stops in the city centre since last May to all bus stops in the city centre. In connection with this, Seoul City officials explained the background to the expansion of the no-smoking bus stops, saying that they had investigated the reaction of citizens to the recent smoking ban and 89 % said they were in favour of extending it to all bus stops. Seoul City decided to move forward step by step also with no-smoking in public places such as family parks visited by many families, and restaurants and bars.

3. Appropriately for an aging society, a local authority in Gyeonggi Province has gone into partnership with a university and has got agreement to run an education programme to help the elderly enjoy a healthy old age. Reporter Lee Yeongsu reports.

<Reporter> Elderly people in their sixties and seventies are enthusiastically learning to sing and dance. They wear broad smiles and forget their age. It is the first education programme to start at the so-called 'university of the third age (courses for the elderly)' to help the elderly live a healthy, worthwhile life. The first day of education began with ways to do exercise to prevent dementia. Expert lecturers at the university outlined concrete methods which can prevent dementia and also did practical exercises. In the content of the education provided at the school for the elderly there are programmes not just for physical health but also for mental health such as Psychology of the Elderly or Smile Therapy.

정답 Answers

unit 01 안내 말씀 드리겠습니다.

Preparation 준비

1. 다음은 기차역과 관련된 단어입니다. <보기>의 단어를 아래 사진에서 찾아 쓰십시오.

Listening 듣기

다음은 기차역의 안내 방송입니다. 잘 듣고 빈칸에 맞는 답을 쓰십시오.

Activity 활동

다음은 수진이 헬렌이 주고 받은 이메일입니다. 메일을 읽고 아래 안내문에서 필요한 정보를 찾아 빈칸에 쓰십시오.

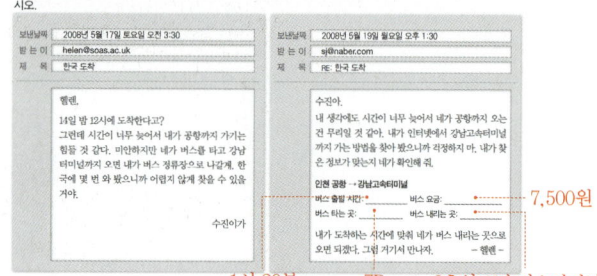

unit 02 휴가를 어디로 갈까요?

Preparation 준비

1. 다음은 여행과 관련된 단어입니다. <보기>의 단어들을 맞는 주제별로 나누어 쓰십시오. 그리고 각 단어들의 뜻을 얘기해 봅시다.

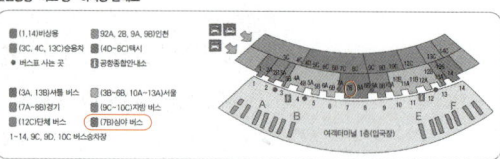

여행지	숙박지	교통편
산, 바다, 국내, 해외, 유적지, 해수욕장	여관, 호텔, 펜션, 콘도, 민박	배, 버스, 기차, 비행기, 자동차

112

Listening 듣기   TRACK 02

친구 두 명이 휴가 계획을 짜고 있습니다. 대화를 잘 듣고 다음 물음에 답하십시오.

1. 여행 계획을 수첩에 정리해 봅시다. 빈칸에 맞는 답을 쓰거나 맞는 답에 ✓하십시오. 그리고 달력에 여행 기간을 표시하십시오.

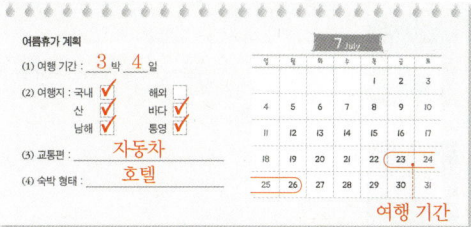

2. 두 사람이 여행할 곳을 다음 지도에 순서대로 화살표(→)로 연결하십시오.

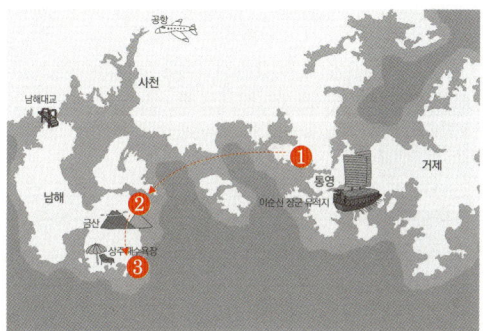

Activity 활동

세 사람이 각각 여행 계획을 짜고 있습니다. 각 목적에 맞는 숙박 형태를 찾아 빈칸에 써 보고 숙박 비용은 얼마나 들지 찾아 표시해 봅시다.

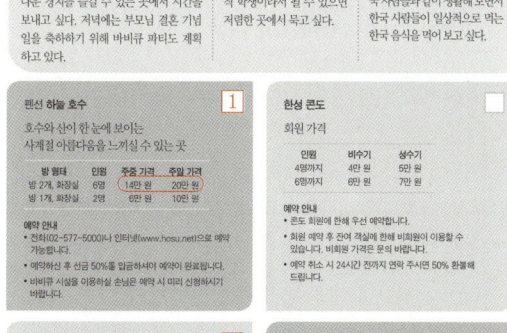

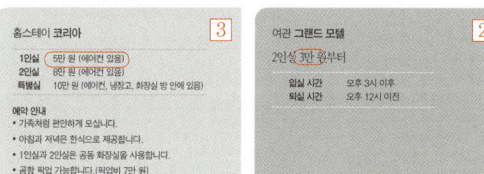

---

unit 03 운동을 시작할까 해서요.

Preparation 준비

1. 다음은 여러 취미 활동입니다. 각각 어떤 취미 활동인지 얘기해 봅시다.

Listening 듣기   TRACK 03

다음은 스포츠 센터 안내문입니다. 잘 듣고 대화 내용과 다른 것을 찾아 표시하고 맞게 고치십시오.

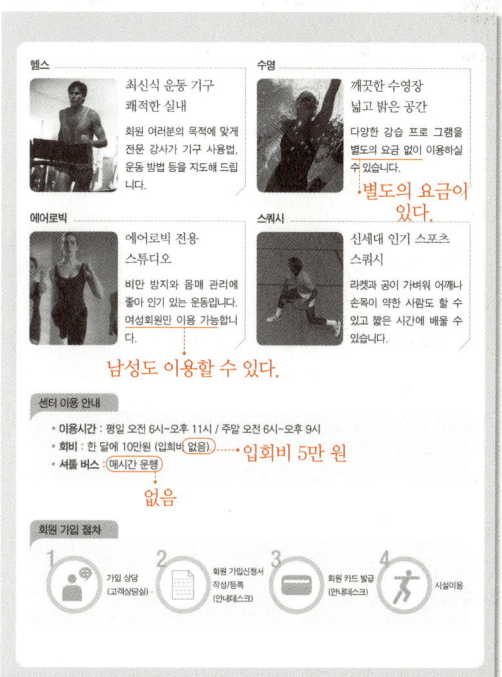

Appendix 113

Activity 활동

취미 생활을 위해 인터넷에서 '동호회'를 검색했습니다. 다음 중에서 '운동을 좋아하는 사람 ①', '여행을 좋아하는 사람 ②', '음악을 좋아하는 사람 ③'을 위한 동호회를 찾아 빈칸에 번호를 써 보십시오. 또 여러분이 가입하고 싶은 동호회는 무엇인지 얘기해 보십시오.

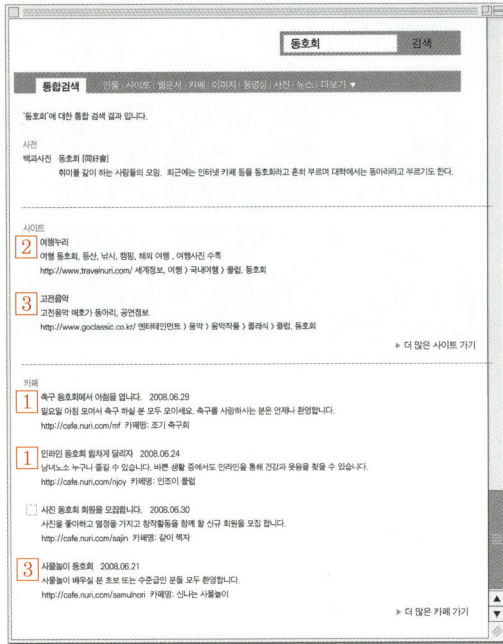

Listening 듣기   TRACK 04

두 사람이 '이 달의 공연표'를 보면서 무엇을 볼지 의논하고 있습니다. 잘 듣고 빈칸에 맞는 답을 쓰고 두 사람이 볼 공연에 표시하십시오.

〈이 달의 공연〉

unit 04 공연 보러 갈래요?

Preparation 준비

1. 다음 포스터는 무슨 공연입니까? 〈보기〉에서 찾아 쓰십시오.

연극 영화 발레 한국 전통 공연 뮤지컬 오페라 음악회

Activity 활동

수진은 인터넷으로 표를 예매하려고 합니다. 아래 공연 예매 안내를 보고 예매해 보십시오. 원하는 항목에 표시하고 예매한 표를 변경하거나 환불할 수 있는지에 대해서도 알아 봅시다.

〈예시〉

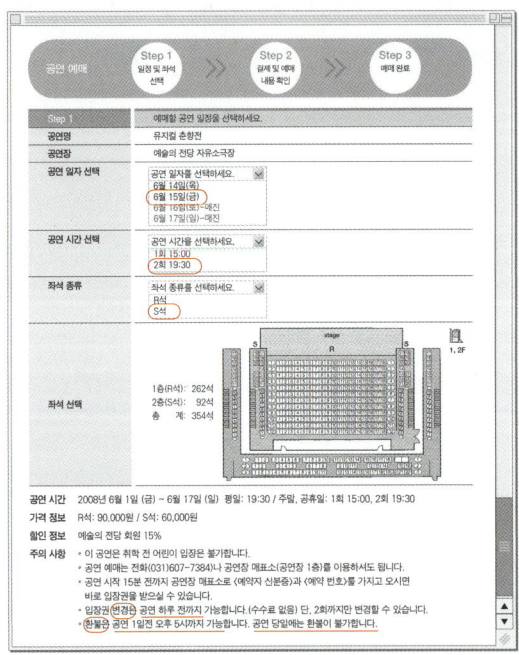

unit 05 시내 관광을 해 볼까요?

Preparation 준비

1. 다음은 서울 시내의 주요 관광지입니다. 다음 장소가 어디인지 〈보기〉에서 찾아 빈칸에 번호를 쓰십시오.

   〈보기〉
   ① 명동   ② 남산   ③ 경복궁
   ④ 롯데월드   ⑤ 남대문 시장   ⑥ 국립중앙박물관

Activity 활동

오늘은 7월 15일 일요일입니다. 폴 씨는 아내, 딸(10세), 아들(7세)과 함께 서울 구경을 하려고 합니다. 아래 정보를 보고 원하는 항목에 표시해 보십시오. 그리고 하루 동안의 관광 일정과 비용을 계획하여 아래 표에 정리해 보십시오.

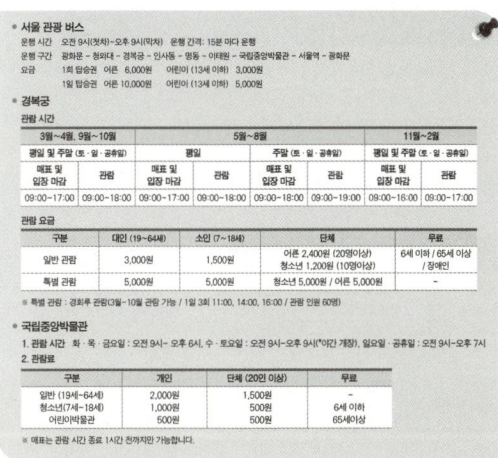

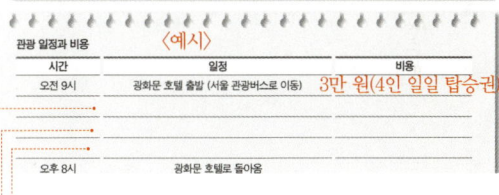

관광 일정과 비용	〈예시〉	
시간	일정	비용
오전 9시	광화문 호텔 출발 (서울 관광버스로 이동)	3만 원(4인 일일 탑승권)
오전 9시 30분~오후 2시	경복궁 관람 후 점심	9천 원(경복궁 관람료)+점심식사비
오후 2시~오후 6시	국립중앙박물관	6천 원(4인 박물관 관람료)
오후 6시~오후 8시	저녁 (인사동)	저녁식사비
오후 8시	광화문 호텔로 돌아옴	

Listening 듣기

서울 시내 관광을 하기 위해 서울 관광 버스를 탔습니다. 안내원이 말하는 관광 경로와 각 장소에 대한 설명을 잘 듣고 둘러보는 장소를 아래지도에서 찾아 화살표(→)로 연결하십시오. 그리고 각 장소의 특징에 대해 맞는 답을 쓰십시오.

unit 06 차 좀 빌리려고 하는데요.

Listening 듣기 TRACK 06

여행하기 위해 차를 빌리려고 합니다. 렌터카 회사 직원과 손님의 대화를 듣고 빈칸에 맞는 답을 쓰거나 맞는 내용에 ✓하십시오.

- 이 사람이 필요한 차는? • 기간: __5일__ 동안
  - 승차 인원: __4__ 명
  - 선택한 차: __삼성 SM5__

경제적, 고속도로 통행료 싸고 주차 요금 할인됨

차종	차 크기	대여 요금	장점
대우 마티즈	_소형_	57,000원	
삼성 SM5	중형	_8만_ 원	승차감이 좋음
현대 산타페	중형(SUV)	11만원	시골길이나 산길에 좋음

(1) 필요한 서류
   국제 운전면허증, __여권__

(2) 결제 방법
   ☐ 현금   ☐ 수표   ☑ 신용카드

(3) 네비게이터
   ☐ 요금에 포함되어 있다   ☑ 따로 돈을 내고 사용한다

(4) 보험
   ☑ 요금에 포함되어 있다   ☐ 별도로 가입해야 한다

(5) 차 반납을 다른 곳에서 할 경우
   ☑ 별도의 요금이 있다   ☐ 별도의 요금이 없다

2. 자동차를 운전하다가 사고가 났습니다. 다음 사고 현장 그림을 보고 보험회사에 이것을 알리기 위한 보고서를 써 봅시다.

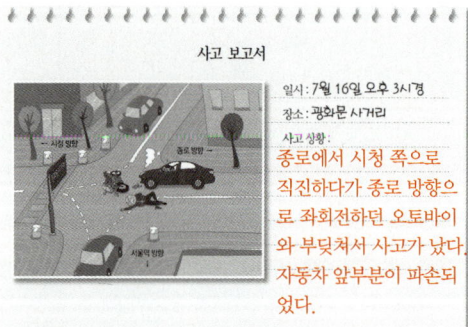

사고 보고서

일시: 7월 16일 오후 3시경
장소: 광화문 사거리
사고 상황: 종로에서 시청 쪽으로 직진하다가 종로 방향으로 좌회전하던 오토바이와 부딪쳐서 사고가 났다. 자동차 앞부분이 파손되었다.

unit 07 직원만 들어갈 수 있다고 써 있잖아요.

Listening 듣기 TRACK 07

다음 여러가지 상황의 대화를 듣고 각각의 대화에 해당하는 표지를 찾아 번호를 쓰십시오.

4  관계자외 출입금지

6  손세탁 30 중성

1  장애인·노약자·임산부 좌석입니다

5

2  세일 재고품목 대규모 할인

3  만차입니다 죄송합니다. 다른 층을 이용해 주십시오.

Activity 활동

다음 '화재시 대피 요령'에 대한 안내문을 읽고 맞는 것에 O, 틀린 것에 X 하십시오.

건물 화재 시 이렇게 대피합시다.
- 엘리베이터는 절대 이용하지 않도록 하며 계단을 이용합시다.
- 화재가 발생한 사무실에서 탈출할 때에는 문을 반드시 닫고 나와야 하며 탈출하면서 열린 문이 있으면 모두 닫읍시다.
- 연기가 가득한 장소를 지날 때에는 최대한 낮은 자세로 대피합시다.
- 방안으로 연기가 들어오지 못하도록 문틈을 옷이나 커튼 등으로 막고, 주위에 물이 있으면 옷에 물을 적셔 입과 코를 막고 숨을 쉬읍시다.
- 아래층으로 대피가 불가능할 때에는 옥상으로 대피합시다.
- 건물 밖으로 대피하지 못한 경우에는 밖으로 통하는 창문이 있는 방으로 들어가서 구조를 기다립시다.

지하철 화재 발생 시 이렇게 합시다.
- 노약자석 옆에 있는 비상버튼을 눌러 승무원과 연락합시다.
- 객차마다 비치된 소화기를 이용하여 불을 끕시다.
- 수동으로 출입문을 엽니다.
  수동으로 문을 여는 요령
  ① 출입문 쪽 의자 열의 아래에 있는 조그만 뚜껑을 여세요.
  ② 뚜껑 속의 비상 코크를 잡아당기고, 공기 빠지는 소리가 멈출 때까지 3~10초간 기다립니다.
  ③ 공기가 빠진 후 손으로 출입문을 여세요.
- 출입문이 열리지 않으면 비상용 망치를 이용하여 유리창을 깨고, 망치가 없으면 소화기로 유리창을 깹니다.
- 코와 입을 수건, 티슈, 옷소매 등으로 막고 비상구로 신속히 대피합시다.
- 지상으로 대피가 여의치 않을 때에는 대피 요원의 안내에 따라 철로를 이용하여 대피합시다.

• 건물 화재 시
① 엘리베이터를 타고 신속히 대피한다. (X)
② 대피할 때 사무실 문은 다음 사람을 위해서 열어 놓는다. (X)
③ 연기가 날 때는 물에 젖은 수건으로 코와 입을 막는다. (O)
④ 아래층으로 내려오지 못하면 옥상으로 올라간다. (O)

• 지하철 화재 시
① 지하철에 화재가 나면 승무원이 올 때까지 기다린다. (X)
② 수동으로 출입문을 열고 대피한다. (O)
③ 출입문이 안 열리면 유리창을 깨고 대피한다. (O)
④ 어떤 경우에도 철로로 나가서는 안 된다. (X)

unit 08 지하철에 카메라를 두고 내렸어요.

Listening 듣기 TRACK 08

다음은 물건을 분실한 상황의 대화입니다. 잘 듣고 빈칸을 채우거나 맞는 내용에 ✓하십시오.

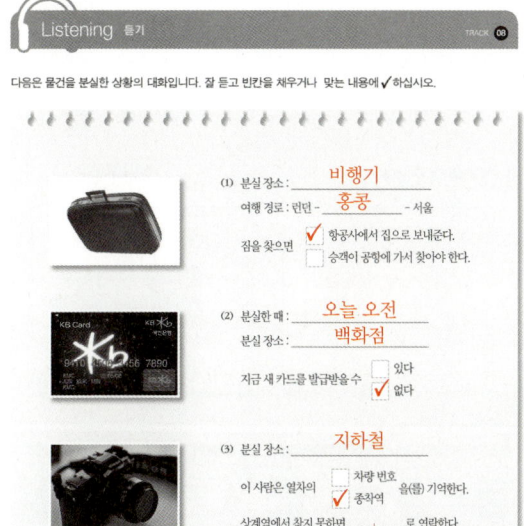

(1) 분실 장소: __비행기__
    여행 경로: 런던 - __홍콩__ - 서울
    짐을 찾으면 ✓ 항공사에서 집으로 보내준다.
    □ 승객이 공항에 가서 찾아야 한다.

(2) 분실한 때: __오늘 오전__
    분실 장소: __백화점__
    지금 새 카드를 발급받을 수 □ 있다
    ✓ 없다

(3) 분실 장소: __지하철__
    이 사람은 열차의 □ 차량 번호
    ✓ 종착역 을(를) 기억한다.
    상계역에서 찾지 못하면 __유실물 센터__ 로 연락한다.

Activity 활동

다음은 부동산 광고입니다. 다음 중에서 어느 집을 선택하겠습니까? 그 이유는 무엇입니까? 빈칸에 쓰십시오.

〈예시〉

아파트 매매 □
- 방 2개짜리 (105㎡) 아파트
- 전망 좋은 9층에 위치, 남향
- 강남 지하철역에서 마을 버스로 10분거리
- 상가와 학교 근접
- 가격: 2억 5천만 원

이태원동 고급 주택가 빌라 □
- 지하철 6호선 이태원역 도보 5분
- 방 세 개, 화장실 두 개 (125㎡)
- 4층 건물에 3층
- 9월부터 입주 가능
- 주차장, 엘리베이터 있음
- 보증금 5,000만 원, 월 150만 원

원룸 전세 ✓
- 조용하고 깨끗한 원룸 형 오피스텔
- 지하철 2호선 서울대 입구역 3분거리
- 직장인, 대학생 환영
- 모든 가전제품 갖춤 (에어컨, 냉장고, 세탁기, 전자레인지, 책상, 옷장 등)
- 주차 가능
- 월 관리비는 7만 원 (인터넷 포함) 난방비, 전기세는 따로 냅니다.
- 전세+월세 가능: 전세 5,300만 원 또는 보증금 300만+월 50만 원

신촌역 하숙집 □
- 신촌역에서 도보로 5분거리
- 아침, 저녁식사 제공
- 침대, 책상, 무료 인터넷
- 조용하고 편안한 단독 주택에서 하숙하실 분은 지금 바로 연락 주십시오.
- 가격: 월 40만 원
- 연락처: 016-315-9947

- 살고 싶은 집: __원룸 전세__
- 이유: __지하철역에서 가깝고 가전제품을 모두 갖추고 있어서 따로 살 필요가 없다.__

unit 09 집에 손볼 곳이 많아요.

Listening 듣기 TRACK 09

다음은 새로 구하는 전셋집에 문제가 있어서 부동산 직원과 나누는 대화입니다. 잘 듣고 아래의 집 그림에 문제가 있는 곳을 표시하고 무슨 문제인지 쓰십시오.

작은 방: 더럽고 낙서투성이다

싱크대: 선반이 없고 얼룩도 많고 문이 잘 안맞는다

현관문: 열쇠가 잘 들어가지 않는다

화장실(전등): 불이 잘 안 들어온다

화장실(변기): 물이 안 내려간다

unit 10 소파는 어디에 놓을까요?

Preparation 준비

1. 이사를 하려고 합니다. 어떤 순서로 이사를 하면 좋을까요? 맞는 순서대로 번호를 쓰십시오.

   [3] 짐을 싼다   [1] 이사할 날짜를 정한다
   [5] 큰 가구를 배치한다 [6] 짐을 풀고 정리한다
   [2] 이삿짐 센터에 연락해서 예약한다 [4] 이삿짐을 옮긴다

Appendix 117

다음은 이삿짐을 옮기는 상황의 대화입니다. 잘 듣고 물건들을 어디에 놓을지 집 그림 안에 표시하십시오.

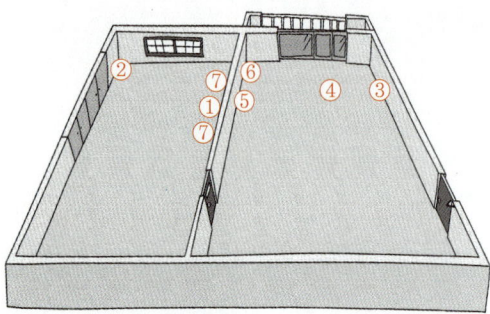

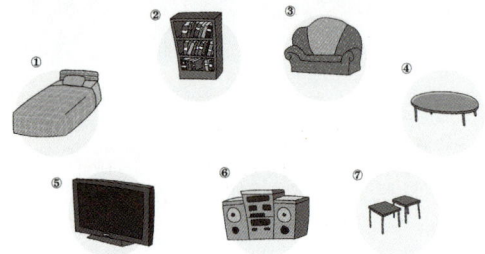

unit 11 통장을 만들고 싶은데요.

다음 은행에서 일어나는 대화를 듣고 아래 예금 거래 신청서의 어느 부분을 써야 하는지 ✓하십시오.

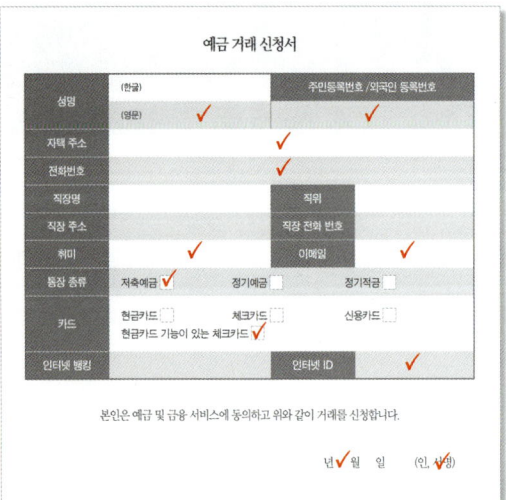

Activity 활동

사라는 인터넷 쇼핑몰에서 옷을 주문하고 옷 값 5만 원을 월요일 오후 2시에 쇼핑몰 회사의 계좌로 송금하려고 합니다. 이 경우 수수료는 얼마나 드는지 표시해 봅시다. 또 무통장 입금증을 써 보고 현금 자동 입출금기를 이용할 때 어떤 것을 선택해야 하는지 표시해 봅시다.

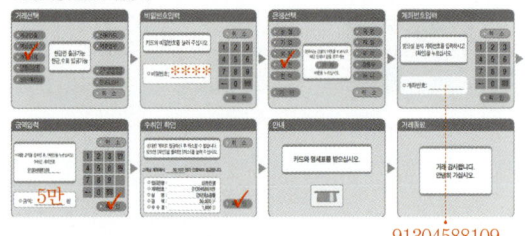

1. 무통장 입금증을 써서 송금할 때

2. 현금 자동 입출금기 사용할 때

unit 12 아파트에 살아요.

두 사람이 이번 달 아파트 관리비 고지서를 보면서 얘기하고 있습니다. 잘 듣고 빈칸에 맞는 답을 쓰고 이번 달에 내야 하는 금액을 찾아 ✓하십시오.

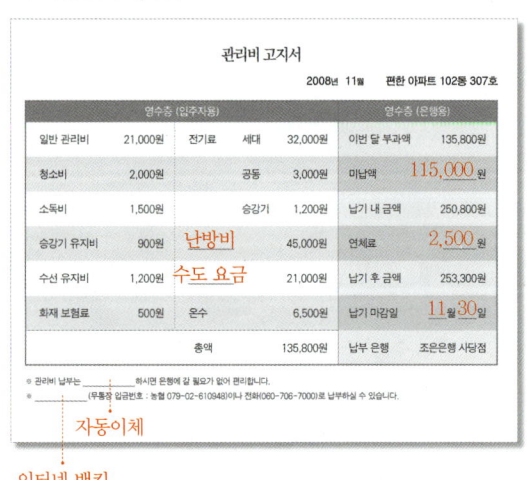

Activity 활동

쓰레기 배출 요령에 대한 안내를 보고 아래 표에 쓰레기를 버릴 수 있는 시간, 장소, 방법을 간단하게 써 보십시오.

〈쓰레기 배출 요령 안내〉

쓰레기 종류	시간	장소	기타
일반 쓰레기	수시로	각 동 앞 쓰레기통	정해진 쓰레기 봉투를 사용하여 배출합니다. 쓰레기 봉투는 슈퍼마켓에서 판매합니다.
재활용 쓰레기	매주 수요일 (오전 9시~낮 12시)	103동 앞	병류, 종이류, 플라스틱류, 비닐류, 스티로폼으로 분류하여 배출합니다.
음식물 쓰레기	매일 (오전 9시~낮 12시)	각 동 앞 음식물 쓰레기통	물기 없이, 다른 이물질이 섞이지 않도록 주의하여 배출합니다.
의류 및 신발, 이불류	매주 수요일 (오전 9시~낮 12시)	관리 사무소 앞 의류함	사용할 수 있는 물품에 한해 깨끗하게 빨아 정리하여 의류함에 넣습니다.
가구 및 전자 제품	관리 사무소에 문의	각 동 수위실 앞	관리 사무소에서 스티커를 구입하여 붙인 후 지정된 장소에 배출합니다. 사용 가능한 제품은 재활용센터 (236-7171)에 연락하여 수거하게 합니다.

(1) 언제: 수시로
어디에: 각 동 쓰레기통 앞
어떻게: 쓰레기 봉투에 넣어서 버린다.

(2) 언제: 매일 (오전 9시~낮 12시)
어디에: 각 동 앞 음식물 쓰레기통
어떻게: 물기없이 이물질 섞이지 않도록 배출한다

(3) 언제: 관리 사무소에 문의
어디에: 각 동 수위실 앞
어떻게: 스티커를 구입하여 붙여서 버린다.

(4) 언제: 매주 수요일(오전 9시~낮 12시)
어디에: 103동 앞
어떻게: 종류별로 분리 배출, 물기없이, 다른 이물질이 섞이지 않도록 한다

unit 13 친절하고 유머 감각이 있어.

Listening 듣기   TRACK 13

다음은 결혼식 피로연에서 신부가 친구한테 신랑 친구들을 소개하는 대화입니다. 잘 듣고 각 사람의 특징을 빈칸에 쓰십시오.

친절하고 <u>유머 감각</u>이 있다.
<u>운동</u>을 잘 한다.
요리와 아이들을 좋아한다. 성격이 <u>다정다감하다</u>
책 읽기와 글쓰기를 좋아한다. 생각이 <u>깊다</u>

unit 14 면접 보러 왔는데요.

Preparation 준비

1. 여러분은 취직하기 위해서 면접을 본 적이 있습니까? 면접관이 무슨 질문을 했습니까? 얘기해 봅시다.

2. 다음은 취직하려고 할 때 필요한 절차입니다. 순서대로 번호를 쓰십시오.

3	지원한다	5	면접을 본다
4	필기시험을 본다	7	첫 출근을 한다
6	합격 통보를 받는다	1	직원모집 광고를 찾는다
2	지원서, 이력서, 자기소개서를 쓴다		

Listening 듣기   TRACK 14

폴이 취직하기 위해 면접 시험을 보고 있습니다. 잘 듣고 폴의 이력서의 빈칸을 채우거나 맞는 것에 ✓하십시오.

이 력 서

● 인적사항

성 명 (한글) 폴 존슨 (영문) Paul Johnson
국 적: <u>영국</u>
생년월일: <u>1975</u>년 4월 12일생
주 소: 서울시 동작구 사당동 우성아파트 101동 304호
결혼 관계: 미혼 / ✓
연락처: (전화) 011-347-3409 (이메일) pjohnson@goo.com

● 학력 및 경력 사항

날 짜	학 력
1992년 7월	영국 요크 킹스 고등학교 졸업
1996년 7월	영국 요크 대학교 졸업 (전공: <u>역사</u>, 부전공: 프랑스어)
1999년 9월~2001년 6월	영국 런던대학교 <u>영어 교사</u> 과정 수료

날 짜	경 력
1996년 6월~1997년 7월	세계 <u>여행사</u> 근무
1997년 9월~1998년 8월	영국 리즈 초등학교 프랑스어 <u>보조</u> 교사
1999년 4월~___ 년 11월	영국 런던 소재 영어학교 교사 (일반인 영어 <u>회화</u> 과정)
2004년 7월~2007년 7월	한국 수원 영어 학원 영어교사 (<u>초등</u>학생 과정)

● 취미 및 특기

| 태권도 | <u>사진 찍기</u> |

위에 기재한 사항이 틀림이 없습니다.

200 년 월 일 본인 _____ (인)

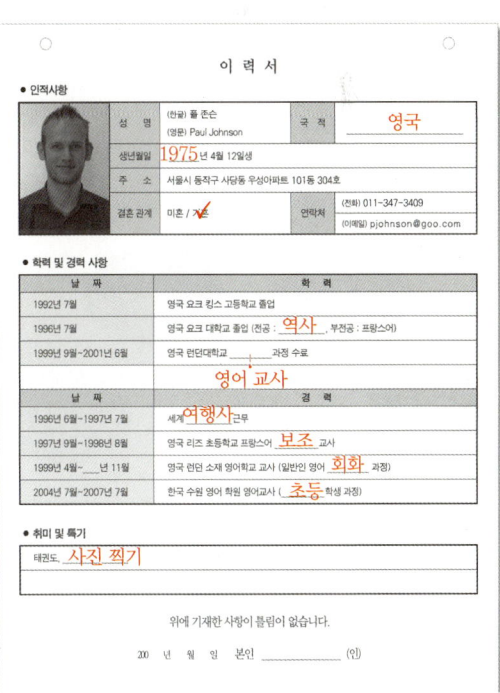

Appendix 119

Activity 활동

다음은 김은미 씨가 회사에 취직하기 위해 작성한 자기소개서입니다. 잘 읽고 아래 광고 중에서 김은미 씨에게 맞는 직장을 찾아 빈칸에 표시하십시오.

자기소개서

김은미

1980년 6월 30일 2녀 중 장녀로 태어나 은행에 다니시는 아버지와 주부이신 어머니 아래서 성장했습니다. 부모님께서 항상 가정의 화목을 중요하게 생각하셔서 어렸을 때부터 가족끼리 자주 여행을 다녔습니다.

저는 성격이 활달하고 사람 만나는 것을 아주 좋아하는 편입니다. 다른 사람에게 힘이 될 수 있으면 화내지 않고 웃는 모습을 보여 주기 위해 많이 노력합니다. 가끔 그런 성격이 저에게는 조금 스트레스가 되기도 하지만 항상 웃는 얼굴이 보기 좋다는 말을 많이 듣습니다.

고등학교 졸업 후에 학교 선생님의 추천으로 1년 동안 백화점에서 판매직으로 근무했습니다. 사교적이고 긍정적인 성격이 그 일에 많은 도움이 되었다고 봅니다. 그 경험을 살려서 일해 보고 싶습니다.

신입 사원 모집 ☐
1. 모집 부문 : 일반 사무직
2. 지원 자격 : 4년제 대학 졸업자 및 졸업 예정자
3. 전형 방법 :
   1차 서류 심사 → 2차 면접 → 합격자 발표
4. 서류 제출 : 입사 지원서 (온라인 접수)
5. 기타 : 서류 심사 후 개별 면접 통보
※ 제출 서류는 반환하지 않습니다.

매장 관리 및 판매 직원 구함 ☑
• 유기농 식품점
• 사교적이고 긍정적인 성격의 소유자
• 식품 관련 판매 경험자 우대
• 연령은 20~40세
• 성별 불문
• 급여는 면접 후 결정

관광 안내원 모집 ☐
• 외국어 가능자
  (영어, 일어, 중국어, 러시아어 각 2명)
• 학력, 연령 제한 없음

아르바이트 직원 모집 ☐
• 사무 보조원
• 3개월 이상 근무자
• 일 8시간 시급 5천 원
• 연락처 : 522-3141

Listening 듣기 TRACK 15

다음은 쌈밥을 만드는 재료와 요리법입니다. 잘 듣고 필요한 재료에 ✓하고 쌈밥 요리법의 순서에 맞게 번호를 쓰십시오.

재료			
✓ 쌀(2컵)	✓ 양배추(1개)	☐ 당근(1개)	
☐ 버섯(4개)	✓ 호박잎(10장)	☐ 상추	

양념된장 재료			
✓ 오징어(반 마리)	✓ 된장(6큰술)	✓ 고추장(2큰술)	✓ 양파(반 개)
✓ 다진 마늘(1큰술)	✓ 다진 파(1큰술)	☐ 식초(1작은술)	✓ 설탕(1큰술)
✓ 간장(1큰술)	☐ 고춧가루(1큰술)	✓ 물(2큰술)	✓ 식용유(1큰술)

---

unit 15 쌈밥을 만들어 보겠습니다.

Preparation 준비

1. 여러분은 요리하는 것을 좋아합니까? 한국 요리를 해 본 적이 있습니까? 얘기해 봅시다.

2. 다음은 요리 방법을 표현하는 말입니다. 설명에 맞는 사진을 찾아 연결해 보십시오.

볶다 찌다
썰다 다지다 씻다
삶다 굽다

Activity 활동

음식에는 서로 잘 맞는 재료나 음식이 있습니다. 그것을 '궁합이 맞는 음식'이라고 합니다. 다음 글을 읽고 궁합이 맞는 음식이 무엇인지 <보기>에서 찾아 빈칸에 쓰십시오.

<보기>
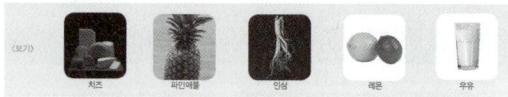
치즈   파인애플   인삼   레몬   우유

(1) 스테이크와 **파인애플** : _____은 고기를 연하게 한다. 스테이크와 _____을 같이 먹거나 스테이크를 먹고 후식으로 _____을 먹으면 소화가 잘 된다. 한국에서는 전통적으로 고기를 연하게 하기 위해서 배나 무를 고기 요리에 넣었다.

(2) 술과 **우유** : 빈 속에 술을 마시면 알코올의 흡수가 빨라진다. 단백질이나 지방은 알코올의 흡수를 지연시키고 위벽에 알코올의 영향을 덜 주기 때문에 술 마시기 전에 _____를 마시면 좋다.

(3) 닭고기와 **인삼** : 한국에서는 한 여름에 더위를 탈 때 보양식으로 삼계탕을 먹는데 이는 닭고기와 인삼, 찹쌀, 밤, 대추 등을 넣어 끓인 것이다. 더위라는 스트레스는 몸 안에 있는 단백질과 비타민 C의 많은 소모를 가져온다. 이때 스트레스를 줄여주는 효과를 가진 _____과 고단백 음식인 닭고기로 만든 삼계탕은 _____의 약 효과와 찹쌀, 밤, 대추 등이 어울려 영양의 균형을 주는 훌륭한 보양식이 된다.

(4) 굴과 **레몬** : _____은 아주 신맛을 가지고 있다. 굴에 _____ 즙을 떨어뜨리면 우선 굴의 나쁜 냄새를 없애준다. 굴은 빈혈에 좋고 피부 미용에 효과가 있으며 식은 땀을 많이 흘리는 약한 사람에게 좋다고 한다. 굴에 단백질과 철분이 풍부하기 때문이다. _____에 함유된 비타민C가 철분의 흡수를 도와주기 때문에 굴과 _____을 같이 먹으면 좋은 것이다.

(5) 커피와 **치즈** : 피로할 때 커피를 마시면 정신이 맑아지는 것을 경험할 수 있을 것이다. 기름진 음식을 먹고 난 뒤에 마시는 커피 한 잔도 속을 개운하게 해준다. 그러나 커피는 카페인이 많아 중독될 수 있고 빈 속에 먹으면 위에 자극을 준다. 이때 커피와 같이 먹으면 좋은 음식이 있는데 그것은 _____나 우유이다. _____는 단백질 20~30%, 지방 30% 등이 들어 있는 열량이 좋은 음식이면서 소화도 잘 된다. 또한 술을 마실 때도 _____가 위벽 등 소화기관을 보호해 주기 때문에 같이 먹으면 숙취와 악취를 예방하는 효과가 크다.

unit 16 목과 어깨를 풀어 볼까요?

Preparation 준비

1. 여러분은 스트레칭을 해 본 적이 있습니까? 다음과 같은 상황에는 어떤 스트레칭을 하면 좋을까요? 얘기해 봅시다.

| 아침에 일어나서 | 잠 자기 전에 | 운동하기 전에 | 머리가 아플 때 |
| 일 하다가 피곤할 때 | 공부 끝나고 나서 | 비행기 안에서 몸이 뻐근할 때 | |

2. 다음은 동작을 가리키는 말입니다. 설명에 맞는 사진을 찾아 연결해 보십시오.

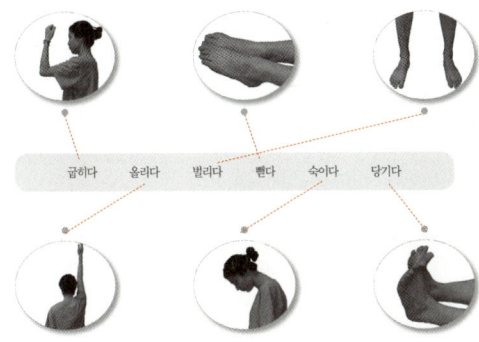

굽히다   올리다   벌리다   편다   숙이다   당기다

Listening 듣기   TRACK 16

다음은 몸을 풀어주는 기본 스트레칭 동작에 대한 설명입니다. 잘 듣고 각각의 묘사에 맞는 스트레칭 동작을 찾아 번호를 쓰십시오.

unit 17 소화가 안 돼서 왔어요.

Preparation 준비

1. 여러분은 한의원에 가 본 적이 있습니까? 어디가 아파서 갔습니까? 얘기해 봅시다.

2. <보기>에서 한의원에서 볼 수 있는 치료 방법과 일반 병원에서 하는 치료 방법을 골라 빈칸에 쓰십시오.

| <보기> | 수술한다 침을 놓는다 진찰한다 주사를 놓는다 |
| | 한약을 달여 준다 x-ray를 찍는다 진맥을 한다 약을 처방해 준다 |

한의원	일반 병원
침을 놓는다.	수술한다.
한약을 달여 준다.	진찰한다.
진맥을 한다.	주사를 놓는다.
	X-ray를 찍는다.
	약을 처방해 준다.

Listening 듣기   TRACK 17

다음은 한의원에서 나누는 대화입니다. 잘 듣고 환자의 증상과 그에 따른 의사의 처방이 무엇인지 빈칸에 쓰거나 맞는 것에 ✓하십시오.

진료 카드
우리 한의원

이름	김안나	성별	남 / 여 ✓
생년월일	1970년 8월 19일	진료 날짜	2008년 8월 9일
증상	• 소화가 안 된다 • 자주 피곤하다		
진단	• 윗 배가 뭉쳐 있다 • 몸의 기가 막혀 있다 - 증상의 원인 : 스트레스 • 몸이 차다 (이유 : 혈액순환 이 안 된다)		
처방	• 운동을 꾸준히 한다 • 마음을 편하게 가진다 • 소화와 기 순환을 도와주는 약을 먹는다		
약 복용법	식전 ✓ 식후 ☐ 1일 _2_ 회 : 아침 ✓ 점심 ☐ 저녁 ✓ _2_ 주 후부터 1일 1회		

Activity 활동

다음 약 설명서를 읽고 아래의 내용이 맞으면 ○, 틀리면 X하십시오.

약 설명서

- **효능 · 효과**
  감기의 제 증상 (콧물, 코막힘, 재채기, 목의 통증, 기침, 가래, 오한, 발열, 두통, 관절통, 근육통)의 완화

- **용법 · 용량**
  성인(15세 이상) ········· 1회 2캡슐
  7세~14세 ··············· 1회 1캡슐
  1일 3회 식후 30분 이내에 복용하십시오.

- **복용 시 주의 사항**
  1. 다음 사람은 복용하지 말 것
     - 지금까지 이 약에 알레르기 증상을 일으킨 적이 있는 사람
  2. 다음 사람은 복용 전에 반드시 의사 약사와 상의할 것
     - 수유부, 임산부 혹은 임신할 가능성이 있는 사람
     - 의사 또는 치과 치료를 받고 있는 사람
     - 알레르기를 일으키기 쉬운 체질을 가지고 있는 사람
  3. 용법 용량을 잘 지킬 것
  4. 다른 약과는 동시에 복용하지 말 것
  5. 어린이가 복용할 경우 보호자의 감독하에 복용할 것

- **보관 및 취급상 주의 사항**
  1. 어린이 손에 닿지 않는 곳에 보관할 것
  2. 직사광선을 피하고 건조한 곳에 보관할 것

(1) 어른은 하루에 세 번 한 알씩 먹는다. (X)
(2) 5세 어린이는 보호자의 감독하에 복용한다. (X)
(3) 다른 약과 같이 먹으면 안 된다. (○)
(4) 햇빛이 들지 않는 곳에 보관한다. (○)
(5) 머리가 아플 때 먹는 진통제에 대한 설명이다. (X)

Activity 활동

〈보기〉에 나오는 특별한 날이나 행사를 위해서 카드를 쓰려고 합니다. 다음 인사글을 읽고 어떤 때에 쓰는 건지 〈보기〉에서 찾아 쓰십시오.

〈보기〉 돌 설 개업 결혼 생일 승진 이사
       입학 조문 졸업 출산 병문안 어버이 날

(1) 순산을 축하하며 산모의 건강을 기원합니다. — 출산
(2) 생신을 진심으로 축하하며 건강과 행복을 기원합니다. — 생일
(3) 편찮으시다고 들었습니다. 하루 빨리 건강을 되찾으시기 바랍니다. — 병문안
(4) 결혼을 축하하며 두 분의 앞날에 행복이 함께 하기를 바랍니다. — 결혼
(5) 새집 마련을 축하하며 가정의 건강과 행복을 기원합니다. — 이사
(6) 아기의 첫 돌을 축하하며 더욱 건강하게 자라길 기원합니다. — 돌
(7) 승진을 축하하며 앞으로 모든 일이 뜻대로 되기를 바랍니다. — 승진
(8) 개업을 축하하며 사업이 번창하시기를 기원합니다. — 개업
(9) 부모님의 은혜에 감사드리며 항상 건강하시기 바랍니다. — 어버이 날
(10) 입학을 축하하며 뜻 깊은 학창 생활이 되기 바랍니다. — 입학
(11) 졸업을 진심으로 축하하며 앞날에 행운이 있기를 기원합니다. — 졸업
(12) 새해 복 많이 받으시고 소원 성취하시기 바랍니다. — 설
(13) 큰 슬픔을 위로하오며 삼가 고인의 명복을 빕니다. — 조문

unit 18 문상 가 본 적이 있어요?

Listening 듣기   TRACK 18

다음은 마크가 수진과 문상을 다녀 온 후 쓴 일기입니다. 마크와 수진의 대화를 듣고 내용에 맞게 빈칸에 쓰십시오.

11월 21일

민석 씨 **아버지** 께서 돌아가셔서 수진 씨와 같이 문상을 갔다. 수진 씨 설명에 의하면 문상은 돌아가신 분에게 조의를 표하는 것이라고 한다. 돌아가신 후 **3일** 째 되는 날에 하는 장례식 날 전까지 보통 문상을 간다고 한다. 문상 가는 것이 처음이라서 많이 긴장했지만 수진 씨가 잘 설명해 주고 도와 줘서 좋은 경험을 하게 되었다.

 **음식 대접**

문상을 가 보니까 돌아가신 분의 친구들도 많이 오시고 민석 씨의 회사 동료들도 찾아 왔다. 우리는 저녁 늦게까지 손님들께 _____ 하는 일을 도왔다. 한국에서는 문상 온 손님들이 돌아가신 분을 생각하면서 음식도 먹고 서로 이야기를 나누는 전통이 있다고 한다.

문상 갈 때는 **까만** 색 양복을 입어야 하는데 없어서 그냥 까만색 셔츠를 입고 갔다. 거기에 도착해서 먼저 **조의금** 을 내고 수진 씨를 따라서 돌아가신 분 사진 앞에 절을 **두** 번 했고 가족들한테도 절을 했다.

내일이 장례식이다. 민석 씨가 형제가 없어서 아버지와 친구처럼 지냈기 때문에 더욱 슬퍼하는 것 같다. 내일 장례식에도 수진 씨와 같이 참석하기로 했다.

unit 19 음주 문화에 대해서 토론해 보겠습니다.

Preparation 준비

1. 다음은 토론을 할 때 유용한 표현들입니다. 상대방의 의견에 찬성하는 표현에는 '찬', 반대하는 의견에는 '반'이라고 쓰십시오.

(찬) 저도 동감입니다.   (반) 저는 다른 생각입니다.
(찬) 저도 동의합니다.   (찬) 저도 그렇게 생각합니다.
(찬) 일리가 있는 말씀입니다.   (찬) 저도 그 의견에 찬성합니다.
(반) 저는 그 의견에 동의하지 않습니다. (찬) 저는 그 의견에 전적으로 동의합니다.
(반) 저는 그 의견은 받아들이기 어렵습니다. (반) 그 주장은 전혀 타당성이 없다고 생각합니다.

2. 여러분은 술을 좋아합니까? 술을 마신 경험에 대해 얘기해 보십시오. 술이 우리 생활에 주는 장점과 단점을 생각해 봅시다.

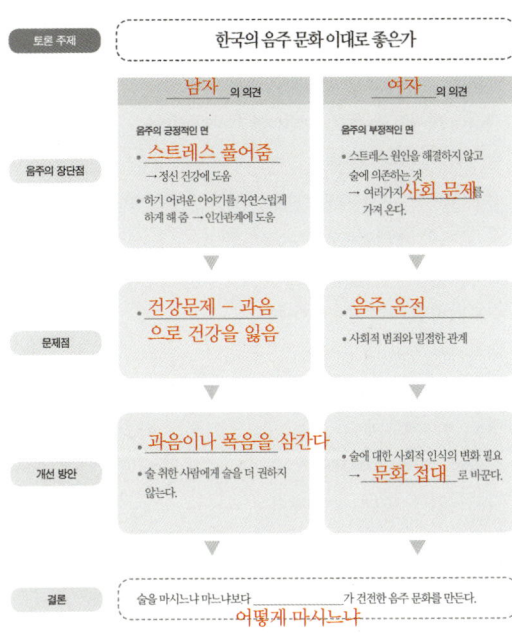
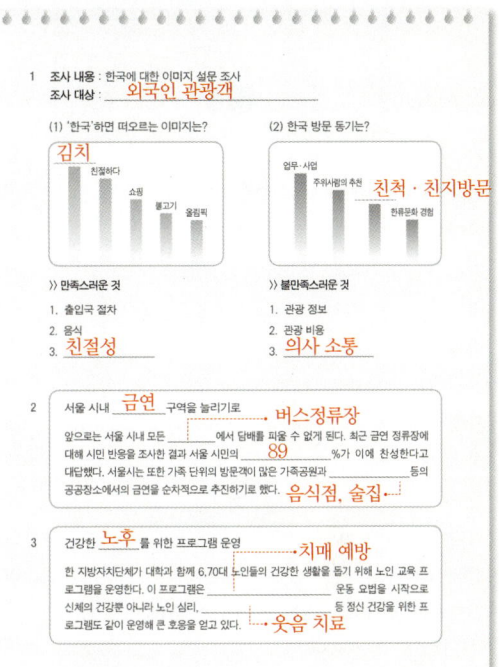

unit 20 뉴스를 들어 봅시다.

Preparation 준비

1. 다음은 어떤 사건에 대한 사진일까요? 얘기해 봅시다.

2. 다음은 사건 사고에 많이 나오는 단어나 표현입니다. 뜻이 같은 것을 찾아 연결하십시오.

Activity 활동

다음 기사를 읽고 내용에 맞는 제목을 찾아 빈칸에 쓰십시오.

〈보기〉
- 태풍 나리 한반도 강타
- 빗길 4중 추돌, 1명 숨져
- '지구를 살리자' 캠페인
- 북쪽 친구들에게 영양제·비타민 보내주세요

태풍 나리 한반도 강타

환경운동연합과 녹색재단은 오늘 서울시청 앞 광장에서 '지구를 살리자'라는 주제로 온실 가스 배출의 위험성을 알리는 캠페인을 열었다. 오늘 행사에서 환경재단은 재생 가능 에너지 사용을 촉구하는 뜻으로 시청 앞 광장에 '지구를 살리자'는 글자를 태양광 전지판으로 설치하는 등 다양한 지구 온난화 체험 프로그램을 진행했다. 오늘 행사는 호주 시드니를 시작으로 런던과 뉴욕 등 전 세계 7개 대륙 주요 도시에서도 '라이브 어스(Live Earth)' 콘서트라는 이름으로 계속될 예정이다.

'지구를 살리자' 캠페인

16일 강릉과 최고 500mm에 가까운 물폭탄을 동반한 제11호 태풍 '나리'가 제주도를 강타해 연육교통이 두절되고, 11척의 선박이 침몰하거나 좌초됐다. 또한 곳곳에서 정전 사고가 발생하는가 하면 주택과 도로가 물에 잠기고, 하천이 범람해 인근 주민들에게 대피령이 내려지는 등 피해가 속출했다. 이 때문에 제주 도착 12편 과 출발 6편을 제외한 제주 노선을 잇는 160편의 항공기가 모두 결항됐고, 제주 가끔 6개 여객선 항로가 전면 통제되는 등 연육 교통이 완전 두절돼 2천 명이 넘는 주민과 관광객들이 큰 불편을 겪었다.

빗길 4중 추돌, 1명 숨져

오늘 오후 6시 30분쯤 경주시 중앙동 앞 도로에서 35살 김 모 씨가 몰던 5톤짜리 트럭이 1.5톤 포터와 충돌한 뒤 뒤따르던 소나타 승용차와 이스타나 승합차와도 잇달아 부딪쳤다.

이 사고로 포터에 타고 있던 70살 박 모 씨가 숨지고, 같은 차 운전자 53살 정 모 씨 등 3명이 중상을 입어 인근 병원으로 옮겨져 치료를 받고 있다. 경찰은 빗길 교통사고로 보고 정확한 사고 경위와 원인을 조사하고 있다.

북쪽 친구들에게 영양제·비타민 보내주세요

유치원생들이 북한 친구를 돕겠다며 바자회를 열어 수익금 전액을 국제민간단체에 기부했다. 서울 노원구에 위치한 한별유치원 원생들은 13일 북한의 친구들에게 전해 달라며 '사랑의 바자'를 연 뒤, 수익금 31만 8500원을 국제의료 비정부기구(NGO) 단체인 나눔복지재단에 기탁했다.

복지재단 관계자는 16일 "유치원생들의 정성은 북한 어린이와 임산부를 위한 영양제 공급 프로젝트 캠페인에 사용된다"며 "한별유치원생들은 지난 해에도 북한 친구들을 위해 187만 원을 모아 보냈다"고 밝혔다.

색인 Index

ㄱ

가능하다 to be possible ... 30
가득하다 to be full to the brim ... 42
가래 phlegm, sputum ... 82
가리키다 to indicate, to denote, to point at ... 66
가운데 centre, middle ... 54
가입(-하다) joining (to join) ... 26,38
가전제품 household electric appliances ... 50
가정 폭력 domestic violence ... 90
가정 home, family, household ... 86
간단하다 to be simple, to be brief ... 38
갈다 to change, to replace ... 50
갈색 brown ... 46
감당하다 to be capable of carrying out, to be up to doing, to cope with ... 90
감독 supervision ... 82
감성 sensitivity ... 66
강남고속터미널 Gangnam Express Bus Terminal ... 18
강사 instructor ... 26
강습 lessons, training course ... 26
강타(-하다) a heavy blow (to deal a heavy blow, to hit hard) ... 94
갖추다 to have ready, to possess, to equip, to furnish ... 50
개방(-하다) opening (to open) to the public ... 34
개별 individual, in person ... 70
개성(-이) 있다 to be a character, to be an individual ... 66
개업(-하다) opening business (to open a business, to start a business) ... 86
개운하다 to feel refreshed ... 74
객관적이다 to be objective ... 90
객실 guest room ... 22
객차 a carriage, a compartment, a coach ... 42
거르다 to omit, to skip ... 78
거실 living room ... 50
건전하다 to be healthy, to be sound ... 90
건조하다 to be dry ... 82
건축물 building ... 34
검색 a search, a reference ... 26

겉보기 outer appearance ... 50
결정(-하다) decision (to decide, to decide on) ... 50
결정되다 to be decided ... 70
결제(-하다) payment (to pay, to settle an account) ... 38,58
결제 settlement of accounts, payment ... 30
결항하다 to cancel a flight ... 94
결혼기념일 wedding anniversary ... 22
경고 warning ... 42
경력 work experience ... 70
경로 course, route ... 34,46
경복궁 Gyeongbok Palace ... 34
경제적이다 to be economical ... 38
경회루 Gyeonghoeru pavilion ... 34
계약(-하다) contract (to make a contract) ... 50
계약서 a written contract, a contract form ... 38
계획(-을) 짜다 to make plans ... 22
고단백 음식 high-protein food ... 74
고등학교 high school ... 66
고령화 사회 aging society ... 94
고리 a ring, a loop ... 46
고속도로 통행료 motorway toll ... 38
고인 the deceased ... 86
고전 음악 classical music ... 26
고지서 written notice, notice of payment due ... 62
고추장 chilli paste ... 74
고춧가루 chilli powder ... 74
고혈압 high blood pressure ... 78
공과금 public utilities charges ... 54,62
공기(-가) 빠지다 air escapes ... 42
공동 joint ... 22
공식적이다 to be official, to be formal ... 34
공연(-하다) performance, event (to perform) ... 30
공연 일자 date of performance ... 30
공예품점 handicraft shop ... 34
공인인증서 written proof of authorisation ... 58
공휴일 public holiday ... 34
관계자 person concerned ... 42
관람(-하다) viewing (to view) ... 34

Korean	English	Page
관리비	service charge, management fees	50,62
관리 사무소	(apartment) management office, control office	62
관절통	arthritic pain, arthralgia	82
광고	an advertisement, a notice	46,70
광장	a square, a plaza	18
교통사고	traffic accident	38
교통편	means of transportation	22
(—)꼴로	per	90
구급차	ambulance, rescue vehicle	38
구석	a corner, the inside corner	54
구입(—하다)	purchasing, buying (to purchase, to buy)	18
구조	rescue, help, aid	42
구하다	to procure, to get	50
국경일	national holiday	34
국내	domestic, within the country	22
국립중앙박물관	National Central Museum	34
국제 운전면허증	international driving license	38
굴	an oyster	74
굽히다	to bend	78
궁전	royal palace	34
권하다	to urge, to exhort, to encourage	90
귀엽게 생겼다	to look cute, to look sweat	66
규격	a standard, a norm	62
균형	balance, scales	74,78
그대로	like that, unchaged	78
그만 두다	to resign, to give up, to leave (a job)	70
근무하다	to work at	70
근본적으로	fundamentally	90
근육통	muscle pain, myalgia	82
근접(—하다)	near (to be near)	50
근정전	Geunjeonjeon Ceremonial all	34
글	writing	66
금방	immediately	50
금지	ban, prohibition	42
급여	pay, wages	70
긍정적이다	to be positive, to be affirmative	70
기간	period of time	38
기구	equipment	26
기대하다	to hope	66
기름지다	to be oily, to be fatty, to be greasy	74
기본	a foundation, a base	78
기원하다	to pray	86
기타	others, the rest	70
기탁하다	to deposit, to entrust	94
긴급 구조대	emergency rescue team	38
긴장되다	to become tense, to become nervous	86
까다롭다	to be difficult, to be hard, to be vexing	66
까맣다	to be black	66
깍지를 끼다	to clasp one's hands	78
꼼꼼하다	to be careful, to be meticulous, to be scrupulous	66
꼽다	to rank among, to be reckoned among	94
꾸준히	constantly, steadily	82
끓이다	to boil	74

Korean	English	Page
낙서투성이	covered all over with scribble/graffiti	50
난방비	heating costs	50,62
낡다	to be old, to be worn out	50
남대문 시장	Namdaemun Market	34
남산	Namsan (name of mountain)	34
남해	Namhae (place name)	22
남향	south-facing	50
납기 마감일	the payment date, the payment deadline	62
납부(—하다)	payment (to pay)	62
내성적이다	to be introspective, to be reserved, to be introverted	66
내쉬다	to exhale, to breathe out	78
냉장고	a refrigerator	54
냉정하다	to be calm, to be cool, to be composed	66
노약자석	seats for the elderly and infirm	42
노후	one's old age, one's declining years	94
놀리다	to make fun of, to tease	30
농담	a joke	30
누르다	to press	42

ㄷ

Korean	English	Page
다정다감하다	to be warm-hearted, to be kind-hearted	66
다지다	to grind, to mince, to chop finely	74

Appendix 125

Korean	English	Page
단단하다	to be hard, to be solid	82
단독	exclusive	42
단독 주택	a detached house	50
단백질	protein	74
단속(-하다)	control, regulation (to control, to regulate)	94
달려있다	to be attached	46
달이다	to boil down, to infuse	82
당기다	to pull, to draw	78
당시의	of the times, contemporary, of the same era	34
당일	the appointed day	54
당행	our bank, this bank	58
닿다	to reach, to touch	78
대다	to park	42
대단히	very	18
대상(-으로)	the object, the subject, the target (as an object/subject/target)	94
대신(-에)	instead (of)	26
대여(-하다)	lending, hire, a loan (to lend, to hire out, to lease)	38,54
대인	an adult	34
대처 요령	guidelines for handling	38
대추	a jujube, a Chinese date	74
대출(-하다)	a loan (to lend, to make a loan)	58
대표적이다	to be typical, representative	34
대피(-하다)	evacuation (to evacuate)	42
대피령	evacuation instructions	94
대피 요원	evacuation officer/personnel	42
더럽다	to be dirty	42
도로 사정	road conditions	18
도보	on foot	50
도착(-하다)	arrival (to arrive)	18
돌아가다	to die, to pass away	86
돌	a first birthday	86
동감이다	to be of the same opinion, to feel the same way about	90
동사무소	a dong office, a town block office	54
동시에	at the same time, simultaneously	82
동아리	a club	26
동양의학	oriental medicine	82
동의하다	to agree	90
동작	an action, a movement, a motion	78
동정심	sympathy	66
동창회	a class reunion, alumni meeting, classmates association	26
동호회	a club	26
되찾다	to regain, to recover, to be store, to retrieve	86
된장	soybean paste	74
두고 내리다	to leave behind, to misplace	46
두다	to put, to place	54
두절되다	to be stopped, to be interrupted, to be suspended	94
두통	a headache	82
둥글다	to be round, to be circular	54
들르다	to call in/at	22
들이 마시다	to inhale, to breath in	78
등	the back	78
등록(-하다)	enrollment, registration (to enroll, to register)	26
등산	hiking	78
따로	seperately	38
딱	closely, tightly	54
딸리다	to belong to, to be attached to	50
뚜껑	a lid, a cover	42
뜻 깊다	to be significant	86
뜻대로	one's own way, exactly as intended	86

ㄹ

Korean	English	Page
렌터카	car hire, car rental	38

ㅁ

Korean	English	Page
마감(-하다)	conclusion, finish (to conclude, to finish)	34
마늘	garlic	74
마련하다	to prepare, to provide	86
마을 버스	town bus	50
마음에 들다	to like	66
마치다	to end, to finish	58
만만치 않다	to be not easy	42
만일	if, if by chance	90
만차	full (of a car park)	42
만화	a cartoon, animation	90

Korean	English	Page
망치	a hammer	42
맡기다	to leave (something) with (someone), to put in (e.g. for cleaning)	42
매매(-하다)	buying and selling (to buy and sell, to trade in)	50
매장(-하다)	burying underground (to bury)	86
매표소	ticket office	18
매표	ticket sales	34
멋있게 생겼다	to look cute, to look sweat	66
명복을 빌다	to pray for the happiness of the deceased	66
명소	famous place, famous landmark	34
모임	a gathering	26
모집(-하다)	recruitment (to recruit, to gather)	26,70
목격자	a witness, an eyewitness	38
목적	goal, aim	26
몸매 관리	looking after one's figure	26
무궁화호	Mugunghwa-ho (name of a train type)	18
무료	free of charge	30,34
무리이다	to be unreasonable	18
무통장 입금	depositing money without a bank book	58
묵다	to stay at, to lodge	22
문상 가다	to pay a call of condolence	86
문의(-하다)	enquiry (to enquire)	62
물기	moisture, dampness	62
물러나다	to step back, to step behind	18
물품	articles, goods, freight	62
뭉쳐있다	to be gathered together, to be in a lump	82
미납액	unpaid amount	62
미리	in advance	22
미아	a missing child	46
미용	beauty treatment	78
민박	private guest house	22
밀리다	to accumulate, to tail back (in a traffic jam)	42
밀접하다	to be close	90

ㅂ

Korean	English	Page
반납(-하다)	returning, return (to return)	38
반대(-하다)	opposition (to oppose, to be against)	90
반드시	without fail, necessarily, unavoidably	38
반환(-하다)	repayment (to repay), return (to return, to give back, to restore)	58,70
발급 받다	to have (something) issued	46
발급(-하다)	issuing (to issue)	26,58
발끝	toe	78
발생(-하다)	occurrence, outbreak, (to occur, to break out, to happen)	42,46,90
발열	having a fever, having a temperature	82
발표(-하다)	an announcement (to announce)	70
방식	a formula, a method, a system	90
방안	a plan, a programme, a scheme	90
방지(-하다)	prevention (to prevent)	26
배달(-하다)	delivery (to deliver)	54
배차 시각	operating times	18
배출(-하다)	disposal (to dispose of)	62
배치(-하다)	arrangement, disposition (to arrange, to place)	54
버섯	mushroom	74
버스 운행 노선	bus route	18
번창(-하다)	prosperity (to be prosperous, to flourish, to be successful)	86
벌금	a fine, a penalty	62
벌리다	to spread, to widen	78
범람하다	to overflow, to flood	94
벽지	wallpaper	50
변경(-하다)	alteration, a change (to alter, to change)	30,54
변기	toilet bowl	50
별도(-의)	separate	38
별도로	separately	26
병문안	visiting a patient	86
보고서	a written report, a written statement	38
보관(-하다)	safekeeping (to keep safe)	46,54
보양식	health food	74
보조 교사	an assistant teacher, a teaching assistant	70
보증금	a security deposit, key money	50
보험	insurance	38,90
보호(-하다)	protection, shelter (to protect, to shelter)	46
보호자	a protector, a guardian	82
복용(-하다)	taking medicine (to take medicine)	82
볶다	to saut, to stir fry	74
본격적으로	in earnest, seriously	70
부과액	the amount imposed	62
부동산	real estate, a real estate agent	50
부득이하다	to be unavoidable, to be inevitable,	

Appendix 127

to be obligatory	54	
부문 a section, a category	70	
부분 a part	46	
부상 당하다 to be injured, to suffer an injury	94	
부상 injury, wound	38	
부서지다 to be broken, to be smashed, to be damaged	62	
부전공 a subsidiary subject	70	
부치다 to send	58	
분류(-하다) classification, separation (to classify, to separate)	62	
분리 배출 separation (of rubbish) for disposal	42	
분실(-하다) loss (to lose)	46	
분해 breakdown (of food)	78	
불가(-하다) to be not permitted, to be impossible	30	
불문(-하다) disregard (to disregard)	70	
불편을 드리다 to cause inconvenience	18	
붓다 to add, to pour	74	
붙박이장 built-in wardrobe	54	
붙이다 to attach, to fix, to fasten	54	
비닐 vinyl	62	
비만 obesity	26	
비밀 번호 secret number, PIN	46	
비수기 off-peak period	22	
비용 costs, expenses	34, 50	
비율 ratio, percentage	78	
비치(-되다) furnishing (to be furnished, to be equipped)	42	
비회원 non member	22	
빈혈 anemia	74	
빠지다 to be missing	46	
빨다 to wash (e.g. clothes)	42, 62	
빼다 to be excepted	30	
뻐근하다 to feel stiff	78	
뻗다 to stretch out from a bent position, to stretch	78	

ㅅ

사고 경위 circumstances of an accident, particulars of an accident	94
사교적이다 to be sociable	66
사랑스럽다 to be lovable, to be charming	66
사례하다 to reward	46
사망(-하다) death (to die)	94

사무 보조원 office assistant	70
사무직 office work	70
사물놀이 Samulnori (a traditional Korean percussion quartet)	26
사상자 casualties, the dead and wounded	38
사용법 the way to use (something), method of use	30
사회자 the presenter	90
사회적 인식 social awareness	90
산모 a woman who has given birth	86
삼가다 to restrain oneself, to refrain from	90
삼가 respectfully, reverently, humbly	86
상가 shopping centre	50
상담원 an advisor, a consultant	46
상담 consultation	26
상당하다 to be considerable	90
상세 내용 details, particulars	46
상의(-하다) consultation (to consult)	82
상태 condition, state	38
상품 products	46
새마을호 Saemaul-ho (name of a train type)	18
생각이 깊다 to be thoughtful, to be considerate	66
생활 수칙 a formula for living, lifestyle principles	78
생활(-하다) life, lifestyle, living (to live)	22
생활화(-하다) to incorporate into one's lifestyle	78
서류 document	38
서행 driving slowly, going slowly	42
섞이다 to be mixed	62
선금 prepayment, payment in advance	22
선로 track, railway track	18
선반 a shelf, a luggage rack	46, 50
선사 시대 prehistoric age	34
설 Lunar New Year's Day	86
설명서 a written explanation, an explantory note, written instructions	82
설명(-하다) expalnation (to explain)	86
설문 조사 a questionnaire, a survey	94
섬세하다 to be delicate, to be sensitive, to be subtle	66
섭취(-하다) intake (to take in, to ingest, to swallow)	78
성격 personality, character	66
성공적으로 successfully	58
성명 a name	82
성범죄 sexual crime	90

Korean	English	Page
성별	by sex, by gender, distinction by sex	46,70
성수기	peak season, high season	22
성인병	adult diseases	78
성인	an adult	70
세탁기	a washing machine	50
세탁소	the dry-cleaners, laundry	42
소독비	disinfection charge for cockroaches, bugs, other contaminations	62
소매	sleeve	42
소모(-하다)	consumption (to consume)	74
소심하다	to be timid	66
소요되다	to take (time), to be necessary	34
소원 성취(-하다)	having one's wish granted (to have one's desire fulfilled)	86
소인	children	34
소중하다	to be important, to be precious	46
소중히 여기다	to cherish, to treasure	66
소형차	small car	38
소홀히 하다	to neglect, to be heedless, to be indifferent to	66
소화기관	digestive organs	74
소화기	a fire extinguisher	42
속출하다	to appear in succession, to occur in succession	94
손목	wrist	26
손바닥	the palm of the hand	78
손보다	to repair, to mend	50
송금(-하다)	remittance (to remit)	58
수거(-하다)	removal, taking away (to take away, to remove e.g. rubbish)	62
수도 요금	water bill, water rates	62
수동	anual, hand-operated	42
수령(-하다)	receipt (to receive)	26
수록(-하다)	inclusion (to include)	26
수료(-하다)	completion (to complete e.g. courses)	70
수면	sleep	78
수선 유지비	repairs and maintenance costs	62
수속(-하다)	formalities, procedure (to do the formalities)	54
수수료	commission, handling fees, charges	30,58
수시로	at any time	62
수위실	security guard office (in an apartment or company)	62
수유부	breast feeding woman	82
수익금	earnings	94
수준급	good level, good standard	26
수첩	diary, notebook	22,66
수화물	personal luggage, baggage	46
숙박	accommodation	22
숙이다	to lower, to drop	78,86
숙취	a hangover, the aftereffects of drinking	74
순산(-하다)	an easy birth, an easy delivery (to have an easy delivery)	86
순차적으로	in sequence, in order, successively	94
순환이 되다	to have good circulation	82
숨(-을) 쉬다	to breathe	78
숨지다	to die, to breathe one's last	94
스트레스를 해소하다	to relieve stress	90
스티로폼	styrofoam, polystyrene	62
스포츠광	a sports maniac, a sports fan, a sport-mad person	66
습관	a habit	78
승객	passenger	18
승·하차장	bus stop	18
승강기 유지비	elevator maintenance costs	62
승강장	platform	18
승무원	a crew member	42
승진(-하다)	promotion, advancement (to be promoted)	86
승차(-하다)	boarding (to board) a vehicle	18
승차감	degree of passenger comfort in a car	38
승차권	boarding pass, ticket	18
시간 변동이 생기다	Timetable changes occur.	18
시범	setting an example, a model for others	94
시설	equipment, facilities	26,50
시청료	TV license fee, TV subscription fee	62
식용유	cooking oil	74
식은 땀을 흘리다	to be in a cold sweat	74
식초	vinegar	74
신경 정신과	neuropsychiatry	90
신고(-하다)	written report, notification, statement (to report, to notify)	38,46
신규 회원	new member	26
신분증	proof of identity, identification card	30
신분	identity	30
신세대	new generation	26
신속하다	to be speedy	18
신속히	swiftly, rapidly	42

Appendix 129

신입 사원 a new staff member (in a company)	70
신청(-하다) application (to apply)	22
신청서 application form	26
실내 indoor	26
실시(-하다) implementation (to implement)	94
실종 disappearance, going missing	46
심리 psychology	94
심사(-하다) judging (to judge, to examine)	70
심야 버스 night bus	18
싱크대 kitchen unit	50
싸다 to pack	54
싸우다 to fight	66
쌀 2컵 2 cups of rice	74
쌈 wrapping	74
쌍꺼풀 a double eyelid	46
썰다 to chop, to mince, to dice	74
쓰레기 rubbish	62
쓸 만하다 to be usable	50
씹다 to chew	78

ㅇ

악취 a bad smell, an offensive odour	74
안내 말씀 an announcement	18
안내 information	30
안전선 safety line (e.g. to keep passengers away from the platform edge)	18
알카리성 식품 alkaline food stuffs	78
암컷 female (for an animal)	46
앞날에 in the days ahead, in the future	86
애인 a sweetheart, lover	66
애호가 a devotee, a lover of	26
야경 night view, the scene at night	34
약하다 to be weak	66
양념 flavouring, spice, seasoning	74
양배추 cabbage	74
양해(-하다) understanding (to be understanding)	18
어버이 날 parents' day	86
얼굴 a face	66
얼룩 a stain	50
엄청 very	66

업무 operating, business	46
업체 a business, a company	54
여권 passport	38
여유가 있다 to have flexibility, to have a margin	42
여의치 않다 to go contrary to one's wishes, to go awry	42
역할 a role	90
연기 smoke	42
연락처 contact details	38
연륙 교통 transport link to the mainland	94
연인 a sweetheart, lover	66
연중무휴 open throughout the year	30
연체료 late payment charge	62
연하다 to be soft, to be tender	74
연회 a dinner party, a banquet	34
열량 calorie	74
열정 enthusiasm, passion	26
열차 train	18
영양 nutrition	74
예금 거래 신청서 application form for opening an account	58
예매(-하다) a booking (to make a prepaid booking)	30
예방(-하다) prevention (to prevent)	74
예술의 전당 Seoul Arts Centre	30
예약(-하다) reservation (to make a reservation)	22
예의 바르다 to be courteous	66
오징어 반 마리 1/2 squid	74
오피스텔 officetel, a studio apartment (can be used as an office)	50
오한 a chill	82
오해 a misunderstanding	66
옥상 the roof, rooftop	42,54
온몸 the whole body	78
온수 hot water	62
올바르다 to be straight, to be upright, to be honest	90
옮기다 to move (something)	54
완료(-되다) completion (to be finalised, to be completed)	22,58
완료(-하다) completion (to complete)	30
외향적이다 to be outgoing, to be extroverted	66
외환 foreign exchange	58
요금 fee, charges	26,38
요령 guidelines, directions, instructions, a knack	42,62
요청(-하다) a demand, a request (to demand, to request)	54

용달차 a delivery van 54
용량 dose, dosage 82
용법 directions for use 82
우대(-하다) preferential treatment (to treat preferentially) 70
우수하다 to be excellent, to be superior, to be predominant 78
운동 요법 exercise therapy, ways to exercise 94
운행 간격 operating times, running times, frequency 34
운행(-하다) running, operating (to run, to operate) 26
원룸 monthly rent 50
원인 one room, a studio flat 50
월세 monthly rent 50
웬만큼 to some extent 78
위벽 the wall of the stomach 74
위 stomach 82
유기농 organic 70
유머 감각이 있다 to have a sense of humour 66
유명하다 to be famous 30
유물 relic, remains 34
유실물 센터 lost property centre, lost & found service centre .. 46
유익하다 to be useful 18
유적지 site of historic remains 22
은혜 a debt of gratitude 86
음식 궁합 well-matched foods 74
음식 대접하다 to offer food 86
음악회 concert 30
의류 clothing 34
의류 제품 clothing products, items of clothing 34
의사소통 mutual understanding, communication 70
의지가 강하다 to be strong-willed 66
의지하다 to lean on, to depend on 90
이순신 장군 General Yi Sun Sin 22
이력서 a CV, a personal resumé 70
이루어지다 to be achieved, to be accomplished 58
이물질 foreign substance 62
이불 quilt 62
이삿짐 household effects to be moved (when moving a house) 54
이성 opposite sex 66
이용(-하다) use (to use) 18
이자 interest 58
이전(-하다) moving, removal (to move, to transfer) 54

인간관계 human relations, interpersonal relations 90
인사동 Insadong (place name) 34
인원 the number of persons 22,38
인형 a doll 66
일단 once, first, once and for all 42,82
일리가 있다 to have some reason, to have some truth in 90
일반 관람 public admission 34
일반화 되다 to become popularised 90
일방통행 one-way (street) 42
일상적으로 daily, everyday 22
일정 schedule 34
일정표 schedule 30
임산부 pregnant woman 82
임신하다 to be pregnant 82
입금(-하다) a deposit (to deposit) 22,58
입사하다 to join a company 70
입실(-하다) checking in (to check in) 22
입원하다 to go into hospital, to be admitted to the hospital .. 86
입장 admission, entrance 30
입장 마감 closing time, final admission 34
입장권 admission ticket 30
입장료 admission fee 30
입주(-하다) moving in (to move in) 50
입회비 joining fee 26

ㅈ

자극(-하다) a stimulus (to stimulate) 74
자기소개서 an introduction of oneself in writing 70
자녀 offspring, sons and daughters 54
자동발매기 ticket vending machine 18
자동이체 automatic transfer 58
자만(-하다) self-admiration (to be conceited,
to admire oneself) 78
자신이 있다 to be confident 70
자연스럽게 naturally 70
자택 a private residence, a home 58
작성(-하다) filling in, drawing up, preparation (to fill in, draw up,
to prepare, to draw up) 26,38,70
잔액 the balance 58
잔여 remainder 22

Korean	English	Page
잘게	finely	74
잠금장치	a lock fitting	50
잠기다	to lock	50
잡아 당기다	to pull, to tug	42
장기 근무	long-term work	54
장녀	eldest daughter	70
장례식	funeral service	86
장롱	a wardrobe, a dresser	54
장소	place	22
장애인	a disabled person	34,42
장점	advantage, merit	38
재고	stock	42
재료	ingredients	74
재생 가능 에너지	renewable energy	94
재채기	a sneeze, sneezing	82
재활용	reuse, recycling	62
저렴하다	to be cheap, to be inexpensive	22,34
저축예금	a savings deposit	58
저축하다	to save	58
적금(-하다)	installment savings (to save by installment)	58
적시다	to drench, to soak	42
적용(-하다)	application (to apply)	94
전공	a major, a main subject, a specialisation	70
전기세	electric bill	50
전기 요금	electricity bill	62
전등	an electric light, an electric lamp	50
전면	the whole, entire	94
전망(-이) 좋다	to have a good view	50
전문 강사	specialist trainer	26
전문의	a medical specialist	90
전세	rental system involving deposit of a large and returnable capital sum with the landlord	50
전시(-하다)	exhibition, display (to exhibit, to display)	34
전용	exclusive use	26
전용 창고	a private warehouse, a private store	54
전입 신고	a moving-in notice	54
전자레인지	a microwave oven	50
전자 제품	electronic goods, electronic appliance	62
전통 민속 공연	traditional folk performance	30
전학	a change of schools	54
전형 방법	method of selection	70
절(-하다)	a bow (to bow)	86
절대(-로)	absolute (absolutely)	42
절차	procedure	26
점검 사항	things to check, items to check	54
점	a spot	46
접대	welcome, reception, hospitality	90
접수(-하다)	receipt, acceptance (to receive, to accept)	46,70
정기예금	a regular savings deposit, a fixed deposit	58
정기적금	regular savings installments	58
정리(-하다)	arrangement (to arrange, to regulate, to tidy up)	54
정보	information	18
정산(-하다)	settlement of accounts (to settle up, to pay)	54
정신 건강	mental health	90
정신없이	mindlessly, madly	22
정전(-되다)	power cut (to have a power cut)	94
정정(-하다)	to correct, to amend	58
정차(-하다)	stopping (to stop) (a vehicle)	38
정하다	to decide on, to arrange	22
젖다	to get wet	42
젖히다	to bend backwards, to lean backwards	78
제공(-하다)	offer (to make an offer, to provide)	22
제외(-하다)	exclusion (to except)	34
제자리	the proper place, the normal position	78
제출하다	to submit, to hand in	70
제한(-하다)	limit (to limit)	70
조기	early, early stage	26
조문	a call of condolence	86
조선 시대	Joseon Era (1392~1910)	30
조용하다	to be quiet, to be calm, to be placid, to be serene	66
조의금	condolence money, sympathy money	86
조의를 표하다	to express sympathy	86
조회(-하다)	enquiry (to enquire)	46
종료	completion, an end, an expiry, a conclusion, a finish	34,62
종착역	final destination, final station	46
좌석 배치도	a seat plan	30
좌초되다	to be stranded, to run aground	94
주민등록번호	resident registration number, ID number	58
주사	an injection	82
주의 사항	things to note, N.B., matters for attention	30,82
주차	parking	38

한국어	영어	페이지
중경상을 입다	to suffer serious and slight injuries	94
중독(-되다)	addiction (to be addicted)	74
중지(-하다)	discontinuance, suspension (to discontinue, to suspend)	54
중형차	medium-sized car	38
지갑	a purse, a wallet	66
지구 온난화	global warming	94
지니다	to keep, to preserve	66
지방 자치 단체	local authority	94
지방	(1) district, region, area (2) fat	54, 74
지상	overground	42
지연(-되다)	delay (to be delayed, to be postponed)	18, 54
지원(-하다)	application (to apply)	70
지적하다	to point out, to indicate	90
지점	a (company, bank) branch	62
지정(-되다)	designation (to be designated, to be assigned)	62
지정(-하다)	designation (to designate, to appoint, to specify)	94
직사광선	direct sunlight	82
직위	job position, job title	58
직장명	name of workplace	58
진단	diagnosis	82
진맥(-하다)	feeling one's pulse (to feel one's pulse, to take a pulse)	82
진심으로	sincerely	34, 86
진찰(-하다)	a medical examination (to examine (a patient))	82
진통제	a painkiller	82
짐	baggage, luggage	46
집중적으로	intensively, concentrated	78
쭉	straight	78
찌다	to steam	74
찜기	steam cooker	74

ㅊ

한국어	영어	페이지
차량 번호	vehicle number	46
차이점	a point of difference	90
찬성(-하다)	approval, support (to approve of, to be in favour of)	90
참석(-하다)	attendance (to attend)	86
찹쌀	glutinous rice, sticky rice	74
창고	warehouse, storage	54
창구	ticket window, a window	18, 58
창작 활동	creative activities (e.g. writing, painting)	26
처방(-하다)	prescription (to prescribe)	82
철로	rail track	42
철분	iron, iron content	74
청소년	teenagers, adolescents, boys and girls	34
청소비	cleaning charges	62
청와대	the Blue House (the President's residence)	34
체질	body constitution	82
체크 무늬	checked	66
체크카드	a debit card	58
초보	elementary, preliminary, novice	26
초월하다	to transcend	30
촉구하다	to urge	90
총액	total amount, total sum	62
최신식	the newest style	26
추가(-하다)	adding, addition (to add)	94
추억	recollection, reminiscence	66
축하(-하다)	congratulation (to congratulate)	22
출금(-하다)	withdrawal, payment (to make a withdrawal, to pay out)	58
출발(-하다)	departure (to depart)	18
출산(-하다)	childbirth (give birth to)	86
출입국 절차	immigration and emigration procedure	94
출장	business trip	66
충돌(-하다)	collision (to collide)	38
충분히	sufficiently	46
충실하다	to be faithful, to be loyal	66
취소(-하다)	cancellation (to cancel)	58
취직(-하다)	to get a job	70
취학	entering school	30
치료(-하다)	treatment (to treat)	82
치매	dementia	94
침몰하다	to sink, to go down, to be submerged	94
침수	inundation, flood, submersion	94
침	a needle (for acupuncture)	82

ㅋ

한국어	영어	페이지
카드 내역	card transactions	46
칸	compartment, carriage	46

Appendix 133

코막힘	a blocked nose, a nasal blockage	82
콘도	condominium	22
쾌적하다	to be comfortable, to be pleasant	26
쾌활하다	to be cheerful	66
(一)큰술	tablespoon	74

ㅌ

타행	another bank	58
탈출(-하다)	escape (to escape)	42
탑승권	boarding card, ticket	34
태양광 전지판	solar panel	94
택하다	to choose	66
통계	statistics	90
통보(-하다)	notification (to notify)	70
통영	Tongyeong (place name)	22
통장	bank account (lit: a bank book)	54,58
통제되다	to be controlled, to be regulated	94
통증	an ache, a pain	82
퇴실	checking out	22
특기	a special skill	70
특별 관람	special admission, special viewing	34
특징	special feature, characteristic	46,66

ㅍ

파손(-되다)	damage, breakage (to be damaged, to be broken)	38
판매(-하다)	selling, marketing (to sell)	62
판매직	sales work	70
판소리	Pansori (traditional Korean narrative song)	30
펴다	to spread, to unfold, to stretch	38
편의 시설	convenient facilities	50
편찮다	to be ill, to be uncomfortable	86
평일	weekdays	58
폐문	door closed, door out of use	42
포장(-하다)	packing (to pack, to wrap)	54
포함되다	to be included	38
포함하다	to include	22
폭음	intemperance, excessive drinking	90
폭행	act of violence	90

표시(-하다)	indication, mark (to indicate, to mark)	38,58
풀다	to unpack, to loosen, to unknot, to relieve	54,78
품질	quality	34
피로	fatigue	78
피로연	a (wedding) reception, a banquet	66
피부 미용	skin beauty treatment	74
피해	damage, harm	38
필기시험	a written examination	70

ㅎ

하루빨리	one day sooner	86
하숙	lodge, boarding house	50
하천	rivers	94
학력	academic background	70
학원	schools for extracurricular activities	70
학창 생활	school life	86
한걸음	one step	18
한의원	oriental medicine clinic	82
한참	a long while, a long way	42
할인(-하다)	discount (to discount)	30
할인되다	to have discount	38
함유(-하다)	containing (to contain)	74
합격(-하다)	passing an examination (to pass an examination)	70
항로	an airline route	94
항목	an item, a heading	54
해결하다	to resolve	90
해당하다	to come under, to correspond to	78
해수욕장	beach	22
해외	overseas, abroad	22
햇빛이 들다	to be in sunlight	82
행선지	destination	18
행운	good luck, good fortune	86
현관문	entrance door	50
현금 자동 입출금기	(ATM automatic cash machine)	58
현대	modern, recent, current	34
현장	the scene, the site, the spot	38
혈액 순환	blood circulation	82
형제	brothers and sisters, siblings	86
형태	form, type	22

Korean	English	Page
호박잎	pumpkin leaves	74
호수	lake	22
호응을 얻다	to get agreement, to get a positive response	94
혼잡(-하다)	congestion (to be congested)	18
화목(-하다)	peace, harmony, agreement (to be in harmony)	70
화장(-하다)	cremation (to cremate)	86
화재 보험료	fire insurance premium	62
화재	fire	42
확인(-하다)	checking, inspection, confirmation (to check, to inspect, to confirm)	18, 58
환불(-하다)	refund (to give a refund)	30
환전(-하다)	money exchange (to change money, to change currency)	58
활기차다	to be energetic, to be vigorous	66
활달하다	to be lively, to be broad-minded	66
활동적이다	to be active, to be energetic, to be dynamic	66
회복(-하다)	recovery (to recover)	78
회비	membership fee	26
회식	dining together (at work)	90
회원	member	22, 26
회화	a conversation, conversation	70
효과	an effect, a result	82
효능	effects, benefits	82
휴가철	the holiday season	22
흉터	a scar	46
흔하다	to be common, to be easily obtainable	50
흡수(-하다)	absorption (to absorb)	74

Etc.

3박 4일	3 nights 4 days	22
4인승	carrying 4 people	38
50대 초반	early 50s	38
KTX	KTX (a Korean express train)	18